ŒUVRES

DE

BOILEAU DESPRÉAUX.

DE L'IMPRIMERIE DE P. GUEFFIER.

Traité du Sublime.

Monnet inv. Dupréel Sc.

ŒUVRES

DE

BOILEAU DESPRÉAUX,

A L'USAGE

DES LYCÉES ET DES ÉCOLES SECONDAIRES.

TOME PREMIER.

PARIS,

Chez l'Éditeur, rue Serpente, n°. 14.

1814.

OEUVRES

DE

BOILEAU DESPRÉAUX.

DISCOURS AU ROI.

Quoique cette pièce soit placée avant toutes les autres, elle n'a pourtant pas été faite la première. L'auteur la composa au commencement de l'année 1665, et il avait déjà fait cinq satires. La même année, ce discours fut inséré dans un recueil de Poésies, avant que l'auteur eût eu le temps de le corriger. Il le fit imprimer lui-même l'année suivante 1666, avec les sept premières satires.

Jeune et vaillant héros, dont la haute sagesse
N'est point le fruit tardif d'une lente vieillesse,
Et qui seul, sans ministre, à l'exemple des dieux,
Soutiens tout par toi-même, et vois tout par tes yeux,
Grand Roi, si jusqu'ici, par un trait de prudence,
J'ai demeuré pour toi dans un humble silence,
Ce n'est pas que mon cœur, vainement suspendu,
Balance pour t'offrir un encens qui t'est dû;
Mais je sais peu louer; et ma muse tremblante
Fuit d'un si grand fardeau la charge trop pesante,
Et, dans ce haut éclat où tu te viens offrir,
Touchant à tes lauriers, craindrait de les flétrir.

Ainsi, sans m'aveugler d'une vaine manie,
Je mesure mon vol à mon faible génie :
Plus sage en mon respect que ces hardis mortels
Qui d'un indigne encens profanent tes autels;
Qui, dans ce champ d'honneur où le gain les amène,
Osent chanter ton nom, sans force et sans haleine;
Et qui vont tous les jours, d'une importune voix,
T'ennuyer du récit de tes propres exploits.
L'un, en style pompeux habillant une églogue *,
De ses rares vertus te fait un long prologue,
Et mêle, en se vantant soi-même à tout propos,
Les louanges d'un fat à celles d'un héros.
L'autre, en vain se lassant à polir une rime,
Et prenant vingt fois le rabot et la lime,
Grand et nouvel effort d'un esprit sans pareil!
Dans la fin d'un sonnet te compare au soleil.
Sur le haut Hélicon leur veine méprisée
Fut toujours des neuf sœurs la fable et la risée.
Calliope jamais ne daigna leur parler,
Et Pégase pour eux refuse de voler.
Cependant à les voir, enflés de tant d'audace,
Te promettre en leur nom les faveurs du Parnasse,
On dirait qu'ils ont seuls l'oreille d'Apollon,
Qu'ils disposent de tout dans le sacré vallon :
C'est à leurs doctes mains, si l'on veut les en croire,
Que Phébus a commis tout le soin de ta gloire;
Et ton nom, du midi jusqu'à l'ourse vanté,
Ne devra qu'à leurs vers son immortalité.

* Charpentier avait fait en ce temps-là une églogue pour le roi, en vers magnifiques, intitulée *Eglogue royale*.

Mais plutôt, sans ce nom dont la vive lumière
Donne un lustre éclatant à leur veine grossière,
Ils verraient leurs écrits, honte de l'univers,
Pourrir dans la poussière à la merci des vers.
A l'ombre de ton nom ils trouvent leur asile,
Comme on voit dans les champs un arbrisseau débile,
Qui, sans l'heureux appui qui le tient attaché,
Languirait tristement sur la terre couché.
Ce n'est pas que ma plume, injuste et téméraire,
Veuille blâmer en eux le dessein de te plaire,
Et, parmi tant d'auteurs, je veux bien l'avouer,
Apollon en connaît qui te peuvent louer:
Oui, je sais qu'entre ceux qui t'adressent leurs veilles
Parmi les Pelletiers on compte des Corneilles.
Mais je ne puis souffrir qu'un esprit de travers,
Qui, pour rimer des mots, pense faire des vers,
Se donne, en te louant, une gêne inutile;
Pour chanter un Auguste il faut être un Virgile;
Et j'approuve les soins du monarque * guerrier
Qui ne pouvait souffrir qu'un artisan grossier
Entreprît de tracer d'une main criminelle
Un portrait réservé pour le pinceau d'Apelle.
Moi, donc, qui connais peu Phébus et ses douceurs,
Qui suis nouveau sevré sur le mont des neuf sœurs,
Attendant que pour toi l'âge ait mûri ma muse,
Sur des moindres sujets je l'exerce et l'amuse:
Et tandis que ton bras, des peuples redouté,
Va, la foudre à la main, rétablir l'équité,
Et retient les méchans par la peur des supplices,
Moi, la plume à la main, je gourmande les vices,

---

* Alexandre-le-Grand.

Et, gardant pour moi-même une juste rigueur,
Je confie au papier les secrets de mon cœur.
Ainsi, dès qu'une fois ma verve se réveille,
Comme on voit au printemps la diligente abeille,
Qui du butin des fleurs va composer son miel,
Des sottises du temps je compose mon fiel;
Je vais de toutes parts où me guide ma veine,
Sans tenir en marchant une route certaine;
Et, sans gêner ma plume en ce libre métier,
Je la laisse au hasard courir sur le papier.
Le mal est qu'en rimant ma muse un peu légère
Nomme tout par son nom et ne saurait rien taire.
C'est là ce qui fait peur aux esprits de ce temps,
Qui, tout blancs au-dehors, sont tout noirs au-dedans;
Ils tremblent qu'un censeur que sa verve encourage,
Ne vienne en ses écrits démasquer leur visage,
Et, fouillant dans leurs mœurs en toute liberté,
N'aille du fond du puits tirer la vérité *;
Tous ces gens éperdus, au seul nom de satire,
Font d'abord le procès à quiconque ose rire:
Ce sont eux que l'on voit, d'un discours insensé,
Publier dans Paris que tout est renversé,
Au moindre bruit qui court, qu'un auteur les menace
De jouer des bigots ** la trompeuse grimace:
Pour eux un tel ouvrage est un monstre odieux,
C'est offenser les lois, c'est s'attaquer aux cieux.
Mais bien que d'un faux zèle ils masquent leur faiblesse,
Chacun voit qu'en effet la vérité les blesse:

---

* Démocrite disait que la vérité était dans le fond d'un puits, et que personne ne l'en avait encore pu tirer.

** Molière, vers ce temps-là, fit jouer son TARTUFFE.

En vain d'un lâche orgueil leur esprit revêtu
Se couvre du manteau d'une austère vertu,
Leur cœur qui se connaît, et qui fuit la lumière,
S'il se moque de Dieu, craint Tartuffe et Molière.
Mais pourquoi sur ce point sans raison m'écarter?
GRAND ROI, c'est mon défaut, je ne saurais flatter:
Je ne sais point au ciel placer un ridicule,
D'un nain faire un Atlas ou d'un lâche un Hercule,
Et sans cesse en esclave à la suite des grands,
A des dieux sans vertu prodiguer mon encens:
On ne me verra point d'une veine forcée,
Même pour te louer, déguiser ma pensée;
Et, quel que grand que soit ton pouvoir souverain,
Si mon cœur en ces vers ne parlait par ma main,
Il n'est espoir de biens, ni raison, ni maxime,
Qui pût en ta faveur m'arracher une rime.
Mais lorsque je te vois d'une si noble ardeur
T'appliquer sans relâche aux soins de ta grandeur,
Faire honte à ces rois que le travail étonne,
Et qui sont accablés du faix de leur couronne;
Quand je vois ta sagesse, en ses justes projets,
D'une heureuse abondance enrichir tes sujets,
Fouler aux pieds l'orgueil et du Tage et du Tibre,
Nous faire de la mer une campagne libre,
Et tes braves guerriers, secondant ton grand cœur,
Rendre à l'Aigle éperdu sa première vigueur *,
La France sous tes lois maîtriser la Fortune,
Et nos vaisseaux, domptant l'un et l'autre Neptune,

* Le roi se fit faire satisfaction dans ce temps-là des deux insultes faites à ses ambassadeurs à Rome et à Londres, et ses troupes envoyées au secours de l'empereur défirent les Turcs sur les bords du Raab.

Nous aller chercher l'or, malgré l'onde et le vent,
Aux lieux où le soleil le forme en se levant :
Alors, sans consulter si Phébus l'en avoue,
Ma muse tout en feu me prévient et te loue.
  Mais bientôt la raison arrivant au secours,
Vient d'un si beau projet interrompre le cours,
Et me fait concevoir, quelqu'ardeur qui m'emporte,
Que je n'ai ni le ton, ni la voix assez forte.
Aussitôt je m'effraie, et mon esprit troublé
Laisse là le fardeau dont il est accablé ;
Et, sans passer plus loin, finissant mon ouvrage,
Comme un pilote en mer qu'épouvante l'orage,
Dès que le bord paraît, sans songer où je suis,
Je me sauve à la nage, et j'aborde où je puis.

SATIRES.

SATIRE PREMIÈRE.

Cette satire est une imitation de la troisième satire de Juvénal, dans laquelle est aussi décrite la retraite d'un philosophe qui abandonne le séjour de Rome, à cause des vices affreux qui y régnaient. Juvénal y décrit encore les embarras de la même ville; et à son exemple, M. Despréaux, dans cette première satire, avait fait la description des embarras de Paris; mais il s'aperçut que cette description était comme hors d'œuvre, qu'elle faisait un double sujet: c'est ce qui l'obligea de l'en détacher, et il en fit une satire particulière qui est la sixième.

DAMON *, ce grand auteur dont la muse fertile
Amusa si long-temps et la cour et la ville,
Mais qui, n'étant vêtu que de simple bureau,
Passe l'été sans linge, et l'hiver sans manteau,
Et de qui le corps sec et la mine affamée
N'en sont pas mieux refaits pour tant de renommée,
Las de perdre en rimant et sa peine et son bien,
D'emprunter en tous lieux et de ne gagner rien,
Sans habits, sans argent, ne sachant plus que faire,
Vient de s'enfuir, chargé de sa seule misère;
Et, bien loin des sergens, des clercs et du palais,
Va chercher un repos qu'il ne trouva jamais;

* J'ai eu en vue Cassandre, celui qui a traduit la Rhétorique d'Aristote.

Sans attendre qu'ici la justice ennemie
L'enferme en un cachot le reste de sa vie,
Ou que d'un bonnet vert * le salutaire affront
Flétrisse les lauriers qui lui couvrent le front.
Mais le jour qu'il partit, plus défait et plus blême,
Que n'est un pénitent sur la fin d'un carême,
La colère dans l'ame et le feu dans les yeux,
Il distilla sa rage en ces tristes adieux :
Puisqu'en ce lieu, jadis aux muses si commode,
Le mérite et l'esprit ne sont plus à la mode ;
Qu'un poète, dit-il, s'y voit maudit de Dieu,
Et qu'ici la vertu n'a plus ni feu ni lieu,
Allons du moins chercher quelqu'antre ou quelque roche,
D'où jamais ni l'huissier ni le sergent n'approche ;
Et, sans lasser le ciel par des vœux impuissans,
Mettons-nous à l'abri des injures du temps,
Tandis que, libre encor, malgré les destinées,
Mon corps n'est point courbé sous le faix des années,
Qu'on ne voit point mes pas sous l'âge chanceler,
Et qu'il reste à la Parque encor de quoi filer.
C'est là dans mon malheur le seul conseil à suivre,
Que George vive ici, puisque George y sait vivre,
Qu'un million comptant, par ses fourbes acquis,
De clerc, jadis laquais, a fait comte et marquis ;
Que Jaquin vive ici, dont l'adresse funeste
A plus causé de maux que la guerre et la peste ;
Qui de ses revenus écrits par alphabet,
Peut fournir aisément un calepin complet,

---

* Du temps que cette satire fut faite, un débiteur insolvable pouvait sortir de prison en faisant cession, c'est-à-dire en souffrant qu'on lui mît en pleine rue un bonnet vert sur la tête.

Qu'il règne dans ces lieux, il a droit de s'y plaire.
Mais moi, vivre à Paris! Eh! qu'y voudrais-je faire?
Je ne sais ni tromper, ni feindre, ni mentir;
Et quand je le pourrais, je n'y puis consentir:
Je ne sais point en lâche essuyer les outrages
D'un faquin orgueilleux qui vous tient à ses gages,
De mes sonnets flatteurs lasser tout l'univers,
Et vendre au plus offrant mon encens et mes vers:
Pour un si bas emploi ma muse est trop altière.
Je suis rustique et fier, et j'ai l'ame grossière:
Je ne puis rien nommer, si ce n'est par son nom,
J'appelle un chat un chat, et Rolet * un fripon.
De servir un amant je n'en ai pas l'adresse;
J'ignore ce grand art qui gagne une maîtresse;
Et je suis à Paris, triste, pauvre, et reclus,
Ainsi qu'un corps sans ame ou devenu perclus.
Mais pourquoi, dira-t-on, cette vertu sauvage
Qui court à l'hôpital, et n'est plus en usage?
La richesse permet une juste fierté;
Mais il faut être souple avec la pauvreté;
C'est par-là qu'un auteur que presse l'indigence
Peut des astres malins corriger l'influence,
Et que le sort burlesque, en ce siècle de fer,
D'un pédant, quand il veut, sait faire un duc et pair**.
Ainsi de la vertu la fortune se joue;
Tel aujourd'hui triomphe au plus haut de sa roue,
Qu'on verrait de couleurs bizarrement orné,
Conduire le carrosse où l'on le voit traîné,

---

* Procureur très-décrié, qui a été dans la suite condamné à faire amende honorable et banni à perpétuité.

** L'abbé de la Rivière, dans ce temps-là, fut fait évêque de Langres. Il avait été régent dans un collége.

Si dans les droits du roi sa funeste science
Par deux ou trois avis n'eût ravagé la France.
Je sais qu'un juste effroi l'éloignant de ces lieux
L'a fait pour quelques mois disparaître à nos yeux;
Mais en vain pour un temps une taxe l'exile;
On le verra bientôt pompeux en cette ville
Marcher encor chargé des dépouilles d'autrui,
Et jouir du ciel même irrité contre lui;
Tandis que Colleté *, crotté jusqu'à l'échine,
S'en va chercher son pain de cuisine en cuisine;
Savant en ce métier, si cher aux beaux-esprits,
Dont Montmor ** autrefois fit leçon dans Paris.
Il est vrai que du roi la bonté secourable
Jette enfin sur la muse un regard favorable;
Et, réparant du sort l'aveuglement fatal,
Va tirer désormais Phébus de l'hôpital ***.
On doit tout espérer d'un monarque si juste:
Mais sans un Mécénas à quoi sert un Auguste?
Et fait comme je suis, au siècle d'aujourd'hui,
Qui voudra s'abaisser à me servir d'appui?
Et puis, comment percer cette foule effroyable
De rimeurs affamés dont le nombre l'accable;
Qui, dès que sa main s'ouvre, y courent les premiers,
Et ravissent un bien qu'on devait aux derniers;
Comme on voit les frélons, troupe lâche et stérile,
Aller piller le miel que l'abeille distille?

---

* Fameux poète fort gueux, dont on a encore plusieurs ouvrages.

** Célèbre parasite, dont Ménage a écrit la vie.

*** Le roi, en ce temps-là, à la sollicitation de M. Colbert, donna plusieurs pensions aux gens de lettres.

Cessons donc d'aspirer à ce prix tant vanté
Que donne la faveur à l'importunité.
Saint-Amand * n'eut du ciel que sa veine en partage :
L'habit qu'il eut sur lui fut son seul héritage ;
Un lit et deux placets composaient tout son bien ;
Ou, pour en mieux parler, Saint-Amand n'avait rien.
Mais quoi ! las de traîner une vie importune,
Il engagea ce rien pour chercher la fortune,
Et tout chargé de vers qu'il devait mettre au jour
Conduit d'un vain espoir, il parut à la cour **.
Qu'arriva-t-il enfin de sa muse abusée ?
Il en revint couvert de honte et de risée ;
Et la fièvre, au retour, terminant son destin,
Fit par avance en lui ce qu'aurait fait la faim.
Un poëte à la cour fut jadis à la mode ;
Mais des fous aujourd'hui c'est le plus incommode ;
Et l'esprit le plus beau, l'auteur le plus poli,
N'y parviendra jamais au sort de l'Angéli ***.
  Faut-il donc désormais jouer un nouveau rôle ?
Dois-je, las d'Apollon, recourir à Barthole ?
Et, feuilletant Louet, alongé par Brodeau ****,
D'une robe à longs plis balayer le barreau ?
Mais à ce seul penser je sens que je m'égare.
Moi ! que j'aille crier dans ce pays barbare,

---

* On a plusieurs ouvrages de lui où il y a beaucoup de génie. Il ne savait pas le latin, et était fort pauvre.

** Le poëme qu'il y porta était intitulé le *Poëme de la Lune*; et il y louait le roi, sur-tout de savoir bien nager.

*** Célèbre fou que M. le Prince avait amené avec lui des Pays-Bas, et qu'il donna au roi.

**** Brodeau a commenté Louet.

Où l'on voit tous les jours l'innocence aux abois
Errer dans les détours d'un dédale de lois,
Et, dans l'amas confus de chicanes énormes,
Ce qui fut blanc au fond rendu noir par les formes;
Où Patru gagne moins qu'Huot et le Mazier,
Et dont les Cicérons se font chez Pé-Fournier * !
Avant qu'un tel dessein m'entre dans la pensée,
On pourra voir la Seine à la Saint-Jean glacée;
Arnaud à Charenton, devenir huguenot;
Saint-Sorlin janséniste, et Saint-Pavin bigot.

Quittons donc pour jamais une ville importune
Où l'honneur a toujours guerre avec la fortune,
Où le vice orgueilleux s'érige en souverain,
Et va la mitre en tête et la crosse à la main;
Où la science triste, affreuse, délaissée,
Est par-tout des bons lieux comme infame chassée;
Où le seul art en vogue est l'art de bien voler;
Où tout me choque; enfin, où.... Je n'ose parler.
Et quel homme si froid ne serait plein de bile
A l'aspect odieux des mœurs de cette ville?
Qui pourrait les souffrir? et qui, pour les blâmer,
Malgré Muse et Phébus n'apprendrait à rimer?
Non, non, sur ce sujet pour rimer avec grace
Il ne faut point monter au sommet du Parnasse;
Et sans aller rêver dans le double vallon,
La colère suffit, et vaut un Apollon.

Tout beau, dira quelqu'un, vous entrez en furie,
A quoi bon ces grands mots? doucement, je vous prie:

---

* Célèbre procureur. Il s'appelait Pierre Fournier; mais les gens du palais, pour abréger, l'appelaient Pé-Fournier.

Ou bien montez en chaire ; et là, comme un docteur,
Allez de vos sermons endormir l'auditeur :
C'est là que bien ou mal on a droit de tout dire.
  Ainsi parle un esprit qu'irrite la satire,
Qui contre ses défauts croit être en sûreté
En raillant d'un censeur la triste austérité ;
Qui fait l'homme intrépide, et, tremblant de faiblesse,
Attend pour croire en Dieu que la fièvre le presse ;
Et, toujours dans l'orage au ciel levant les mains,
Dès que l'air est calmé, rit des faibles humains,
Car de penser alors qu'un Dieu tourne le monde,
Et règle les ressorts de la machine ronde,
Ou qu'il est une vie au delà du trépas,
C'est là, tout haut du moins, ce qu'il n'avouera pas.
  Pour moi, qu'en santé même un autre monde étonne,
Qui crois l'ame immortelle, et que c'est Dieu qui tonne,
Il vaut mieux pour jamais me bannir de ce lieu.
Je me retire donc. Adieu, Paris, adieu.

SATIRE II.

A M. DE MOLIÈRE.

Le sujet de cette satire est la difficulté de trouver la rime, et de la faire accorder avec la raison. Mais l'auteur s'est appliqué à les concilier toutes deux en n'employant dans cette pièce que des rimes extrêmement exactes. Cette satire n'a été composée qu'après la septième ; ainsi elle est la quatrième dans l'ordre du temps. Elle fut faite en 1664.

Rare et fameux esprit, dont la fertile veine
Ignore, en écrivant, le travail et la peine ;
Pour qui tient Apollon tous ses trésors ouverts,
Et qui sais à quel coin se marquent les bons vers :
Dans les combats d'esprit savant maître d'escrime,
Enseigne-moi, Molière, où tu trouves la rime.
On dirait, quand tu veux, qu'elle te vient chercher.
Jamais au bout du vers on ne te voit broncher ;
Et, sans qu'un long détour t'arrête ou t'embarrasse,
A peine as-tu parlé, qu'elle-même s'y place.
Mais moi, qu'un vain caprice, une bizarre humeur,
Pour mes péchés, je crois, fit devenir rimeur,
Dans ce rude métier où mon esprit se tue,
En vain, pour la trouver, je travaille et je sue.
Souvent j'ai beau rêver du matin jusqu'au soir,
Quand je veux dire blanc, la quinteuse dit noir ;
Si je veux d'un galant dépeindre la figure,
Ma plume, pour rimer, trouve l'abbé de Pure :
Si je pense exprimer un auteur sans défaut,
La raison dit Virgile, et la rime Quinaut,

Enfin, quoi que je fasse ou que je veuille faire,
La bizarre toujours vient m'offrir le contraire.
De rage, quelquefois, ne pouvant la trouver,
Triste, las et confus, je cesse d'y rêver;
Et maudissant vingt fois le démon qui m'inspire,
Je fais mille sermens de ne jamais écrire.
Mais, quand j'ai bien maudit et Muses et Phébus,
Je la vois qui paraît quand je n'y pense plus:
Aussitôt, malgré moi, tout mon feu se rallume,
Je reprends sur-le-champ le papier et la plume,
Et, de mes vains sermens perdant le souvenir,
J'attends de vers en vers qu'elle daigne venir.
Encor si pour rimer, dans sa verve indiscrète,
Ma muse au moins souffrait une froide épithète,
Je ferais comme un autre, et sans chercher si loin,
J'aurais toujours des mots pour les coudre au besoin.
Si je louais Philis *en miracles féconde*,
Je trouverais bientôt *à nulle autre seconde;*
Si je voulais vanter un objet *nompareil*,
Je mettrais à l'instant, *plus beau que le soleil;*
Enfin, parlant toujours d'*astres* et de *merveilles*,
De *chefs-d'œuvre des cieux*, de *beautés sans pareilles;*
Avec tous ces beaux mots, souvent mis au hasard,
Je pourrais aisément, sans génie et sans art,
Et transposant cent fois et le nom et le verbe,
Dans mes vers recousus mettre en pièces Malherbe.
Mais mon esprit, tremblant sur le choix de ses mots,
N'en dira jamais un, s'il ne tombe à propos,
Et ne saurait souffrir qu'une phrase insipide
Vienne à la fin d'un vers remplir la place vide;
Ainsi recommençant un ouvrage vingt fois,
Si j'écris quatre mots, j'en effacerai trois.

Maudit soit le premier, dont la verve insensée
Dans les bornes d'un vers renferma sa pensée,
Et donnant à ses mots une étroite prison,
Voulut avec la Rime enchaîner la Raison.
Sans ce métier, fatal au repos de ma vie,
Mes jours pleins de loisirs couleraient sans envie.
Je n'aurais qu'à chanter, rire, boire d'autant;
Et comme un gras chanoine, à mon aise et content,
Passer tranquillement, sans souci, sans affaire,
La nuit à bien dormir et le jour à rien faire.
Mon cœur exempt de soins, libre de passion,
Sait donner une borne à son ambition;
Et fuyant des grandeurs la présence importune,
Je ne vais point au Louvre adorer la fortune,
Et je serais heureux, si, pour me consumer,
Un destin envieux ne m'avait fait rimer.
Mais depuis le moment que cette frénésie,
De ses noires vapeurs troubla ma fantaisie,
Et qu'un démon jaloux de mon contentement,
M'inspira le dessein d'écrire poliment,
Tous les jours, malgré moi, cloué sur un ouvrage,
Retouchant un endroit, effaçant une page,
Enfin passant ma vie en ce triste métier,
J'envie en écrivant le sort de Pelletier *.
Bienheureux Scudéri **, dont la fertile plume
Peut tous les mois sans peine enfanter un volume!
Tes écrits, il est vrai, sans art et languissans,
Semblent être formés en dépit du bon sens:

---

* Poète du dernier ordre, qui faisait tous les jours un sonnet.

** C'est le fameux Scudéri, auteur de beaucoup de romans, et frère de la fameuse mademoiselle Scudéri.

Mais ils trouvent pourtant, quoi qu'on en puisse dire,
Un marchand pour les vendre, et des sots pour les lire.
Et quand la rime enfin se trouve au bout des vers,
Qu'importe que le reste y soit mis de travers?
Malheureux mille fois celui dont la manie
Veut aux règles de l'art asservir son génie!
Un sot en écrivant fait tout avec plaisir;
Il n'a point en ses vers l'embarras de choisir;
Et toujours amoureux de ce qu'il vient d'écrire,
Ravi d'étonnement, en soi-même il s'admire.
Mais un esprit sublime en vain veut s'élever
A ce degré parfait qu'il tâche de trouver;
Et, toujours mécontent de ce qu'il vient de faire,
Il plait à tout le monde et ne saurait se plaire:
Et tel, dont en tous lieux chacun vante l'esprit,
Voudrait pour son repos n'avoir jamais écrit.
Toi donc, qui vois les maux où ma muse s'abime,
De grâce, enseigne-moi l'art de trouver la rime:
Ou puisqu'enfin tes soins y seraient superflus,
Molière, enseigne-moi l'art de ne rimer plus.

SATIRE III.

Cette satire a été faite en l'année 1667. Elle contient le récit d'un festin donné par un homme d'un goût faux et extravagant, qui se piquait néanmoins de rafiner sur la bonne chère. Horace, dans la satire VIII du livre 2, fait pareillement le récit d'un repas ridicule; et Regnier, dans sa dixième satire, l'a aussi imité.

Quel sujet inconnu vous trouble et vous altère?
D'où vous vient aujourd'hui cet air sombre et sévère,
Et ce visage enfin plus pâle qu'un rentier
A l'aspect d'un arrêt * qui retranche un quartier?
Qu'est devenu ce teint, dont la couleur fleurie
Semblait d'ortolans seuls et de bisques nourrie,
Où la joie en son lustre attirait les regards,
Et le vin en rubis brillait de toutes parts?
Qui vous a pu plonger dans cette humeur chagrine?
A-t-on par quelqu'édit réformé la cuisine?
Ou quelque longue pluie, inondant vos vallons,
A-t-elle fait couler vos vins et vos melons?
Répondez donc enfin, ou bien je me retire.
Ah! de grâce, un moment, souffrez que je respire.
Je sors de chez un fat qui, pour m'empoisonner,
Je pense, exprès chez lui m'a forcé de dîner.
Je l'avais bien prévu. Depuis près d'une année
J'éludais tous les jours sa poursuite obstinée;
Mais hier il m'aborde, et me serrant la main:
Ah! monsieur, m'a-t-il dit, je vous attends demain.

* Le roi, en ce temps-là, avait supprimé un quartier des rentes.

N'y manquez pas au moins. J'ai quatorze bouteilles
D'un vin vieux..... Boucingo * n'en a point de pareilles:
Et je gagerais bien que, chez le commandeur,
Villandri ** priserait sa sève et sa verdeur.
Molière avec Tartuffe *** y doit jouer son rôle;
Et Lambert ****, qui plus est, m'a donné sa parole,
C'est tout dire, en un mot, et vous le connaissez.
Quoi! Lambert? Oui, Lambert; à demain. C'est assez.
Ce matin donc, séduit par sa vaine promesse,
J'y cours, midi sonnant, au sortir de la messe.
A peine étais-je entré, que, ravi de me voir,
Mon homme, en m'embrassant, m'est venu recevoir;
Et montrant à mes yeux une allégresse entière,
Nous n'avons, m'a-t-il dit, ni Lambert ni Molière;
Mais puisque je vous vois, je me tiens trop content.
Vous êtes un brave homme: entrez, on vous attend.
A ces mots, mais trop tard, reconnaissant ma faute,
Je le suis en tremblant dans une chambre haute,
Où malgré les volets, le soleil irrité
Formait un poêle ardent au milieu de l'été.
Le couvert était mis dans ce lieu de plaisance,
Où j'ai trouvé d'abord, pour toute connaissance,

---

* Fameux marchand de vin.

** Homme de qualité qui allait fréquemment dîner chez le commandeur de Souvré.

*** Le Tartuffe, en ce temps-là, avait été défendu, et tout le monde voulait avoir Molière pour le lui entendre réciter.

**** Michel Lambert, fameux musicien, que l'on regardait comme l'inventeur du beau chant. Il mourut à Paris, au mois de juin 1696, âgé de 87 ans. C'était un fort bon homme, qui promettait à tout le monde de venir, mais qui ne venait jamais.

Deux nobles campagnards, grands lecteurs de romans,
Qui m'ont dit tout Cyrus * dans leurs longs complimens.
J'enrageais. Cependant on apporte un potage.
Un coq y paraissait en pompeux équipage,
Qui, changeant sur ce plat et d'état et de nom,
Par tous les conviés s'est appelé chapon.
Deux assiettes suivaient, dont l'une était ornée
D'une langue en ragoût, de persil couronnée;
L'autre, d'un godiveau tout brûlé par dehors,
Dont un beurre gluant inondait tous les bords.
On s'assied : mais d'abord notre troupe serrée
Tenait à peine autour d'une table carrée,
Où chacun, malgré soi, l'un sur l'autre porté,
Faisait un tour à gauche, et mangeait de côté.
Jugez en cet état si je pouvais me plaire,
Moi qui ne compte rien, ni le vin ni la chère;
Si l'on n'est plus au large, assis en un festin,
Qu'aux sermons de Cassagne ou de l'abbé Cotin.

Notre hôte, cependant, s'adressant à la troupe;
Que vous semble, a-t-il dit, du goût de cette soupe?
Sentez-vous le citron dont on a mis le jus,
Avec des jaunes d'œufs mêlés dans du verjus?
Ma foi, vive Mignot et tout ce qu'il apprête!
Les cheveux cependant me dressaient à la tête :
Car Mignot, c'est tout dire, et dans le monde entier
Jamais empoisonneur ne sut mieux son métier.
J'approuvais tout pourtant de la mine et du geste,
Pensant qu'au moins le vin dût réparer le reste.
Pour m'en éclaircir donc, j'en demande; et d'abord
Un laquais effronté m'apporte un rouge-bord

* Roman de dix tomes, de mademoiselle Scudéri.

D'un auvernat fumeux, qui, mêlé de lignage *,
Se vendait chez Crenet ** pour vin de l'hermitage,
Et qui, rouge et vermeil, mais fade et doucereux,
N'avait rien qu'un goût plat et qu'un déboire affreux.
A peine ai-je senti cette liqueur traîtresse,
Que de ces vins mêlés j'ai reconnu l'adresse.
Toutefois avec l'eau que j'y mets à foison,
J'espérais adoucir la force du poison;
Mais, qui l'aurait pensé! pour comble de disgrâce,
Par le chaud qu'il faisait nous n'avions point de glace.
Point de glace, bon dieu! dans le fort de l'été!
Au mois de juin! Pour moi, j'étais si transporté,
Que, donnant de fureur tout le festin au diable,
Je me suis vu vingt fois prêt à quitter la table;
Et, dût-on m'appeler et fantasque et bourru,
J'allais sortir enfin quand le rôt a paru.

Sur un lièvre flanqué de six poulets étiques
S'élevaient trois lapins, animaux domestiques,
Qui, dès leur tendre enfance élevés dans Paris,
Sentaient encor le chou dont ils furent nourris.
Autour de cet amas de viandes entassées
Régnait un long cordon d'alouettes pressées,
Et sur les bords du plat six pigeons étalés
Présentaient pour renfort leurs squelettes brûlés.
A côté de ce plat paraissaient deux salades,
L'une de pourpier jaune, et l'autre d'herbes fades,
Dont l'huile de fort loin saisissait l'odorat,
Et nageait dans les flots de vinaigre rosat.

---

* Deux fameux vins du terroir d'Orléans.

** Fameux marchand de vin, logé à la Pomme-de-pin.

Tous mes sots, à l'instant changeant de contenance,
Ont loué du festin la superbe ordonnance;
Tandis que mon faquin, qui se voyait priser,
Avec un ris moqueur les priait d'excuser.
Sur-tout certain hâbleur, à la gueule affamée,
Qui vint à ce festin conduit par la fumée,
Et qui s'est dit profès dans l'ordre des côteaux *,
A fait, en bien mangeant, l'éloge des morceaux.
Je riais de le voir avec sa mine étique,
Son rabat jadis blanc, et sa perruque antique,
En lapins de garenne ériger nos clapiers,
Et nos pigeons cauchois en superbes ramiers;
Et, pour flatter notre hôte, observant son visage,
Composer sur ses yeux son geste et son langage:
Quand notre hôte charmé, m'avisant sur ce point;
Qu'avez-vous donc, dit-il, que vous ne mangez point?
Je vous trouve aujourd'hui l'ame tout inquiète,
Et les morceaux entiers restent sur votre assiette:
Aimez-vous la muscade? on en a mis par-tout.
Ah! monsieur, ces poulets sont d'un merveilleux goût!
Ces pigeons sont dodus, mangez, sur ma parole.
J'aime à voir aux lapins cette chair blanche et molle.
Ma foi, tout est passable, il le faut confesser,
Et Mignot aujourd'hui s'est voulu surpasser.
Quand on parle de sauce, il faut qu'on y raffine;
Pour moi, j'aime sur-tout que le poivre y domine;
J'en suis fourni, Dieu sait! et j'ai tout Pelletier
Roulé dans mon office en cornets de papier.

---

* Ce nom fut donné à trois grands seigneurs tenant table, qui étaient partagés sur l'estime qu'on devait faire des vins des côteaux des environs de Reims; ils avaient chacun leurs partisans.

A tous ces beaux discours j'étais comme une pierre,
Ou comme la statue est au Festin de Pierre;
Et, sans dire un seul mot, j'avalais au hasard
Quelque aile de poulet dont j'arrachais le lard.

Cependant mon hableur, avec une voix haute,
Porte à mes campagnards la santé de notre hôte,
Qui tous deux pleins de joie, en jetant un grand cri,
Avec un rouge-bord acceptent son défi.
Un si galant exploit réveillant tout le monde,
On a porté par-tout des verres à la ronde,
Où les doigts des laquais, dans la crasse tracés,
Témoignaient par écrit qu'on les avait rincés;
Quand un des conviés, d'un ton mélancolique,
Lamentant tristement une chanson bachique,
Tous mes sots à-la-fois, ravis de l'écouter,
Détonnant de concert, se mettent à chanter.
La musique sans doute était rare et charmante!
L'un traîne en longs fredons une voix glapissante;
Et l'autre, l'appuyant de son aigre fausset,
Semble un violon faux qui jure sur l'archet.

Sur ce point un jambon d'assez maigre apparence
Arrive sous le nom de jambon de Mayence.
Un valet le portait, marchant à pas comptés,
Comme un recteur suivi des quatre facultés.
Deux marmitons crasseux, revêtus de serviettes,
Lui servaient de massiers *, et portaient deux assiettes,
L'une de champignons avec des ris de veau,
Et l'autre de pois verts qui se noyaient dans l'eau.

---

* Le recteur, quand il va en procession, est toujours accompagné de deux massiers.

Un spectacle si beau surprenant l'assemblée,
Chez tous les conviés la joie est redoublée;
Et la troupe à l'instant, cessant de fredonner,
D'un ton gravement fou s'est mise à raisonner.
Le vin au plus muet fournissant des paroles,
Chacun a débité ses maximes frivoles,
Réglé les intérêts de chaque potentat,
Corrigé la police et réformé l'état;
Puis de-là s'embarquant dans la nouvelle guerre,
A vaincu la Hollande * ou battu l'Angleterre.
Enfin, laissant en paix tous ces peuples divers,
De propos en propos on a parlé de vers.
Là tous mes sots, enflés d'une nouvelle audace,
Ont jugé des auteurs en maîtres du Parnasse.
Mais notre hôte sur-tout, pour la justesse et l'art,
Elevait jusqu'au ciel Théophile et Ronsard;
Quand un des campagnards, relevant sa moustache
Et son feutre à grands poils ombragé d'un panache,
Impose à tous silence, et, d'un ton de docteur:
Morbleu! dit-il, La Serre ** est un charmant auteur!
Ses vers sont d'un beau style, et sa prose est coulante.
La Pucelle est encore une œuvre bien galante,
Et je ne sais pourquoi je bâille en la lisant.
Le Pays ***, sans mentir, est un bouffon plaisant:
Mais je ne trouve rien de beau dans ce Voiture.
Ma foi, le jugement sert bien dans la lecture.

---

* L'Angleterre et la Hollande étaient alors en guerre, et le roi avait envoyé du secours aux hollandais.

** Ecrivain célèbre pour son galimatias.

*** Ecrivain estimé chez les provinciaux à cause d'un livre qu'il a fait, intitulé: Amitiés, Amours et Amourettes.

A mon gré, le Corneille est joli quelquefois.
En vérité, pour moi, j'aime le beau françois.
Je ne sais pas pourquoi l'on vante l'Alexandre;
Ce n'est qu'un glorieux qui ne dit rien de tendre.
Les héros chez Quinault parlent bien autrement,
Et jusqu'à je vous hais, tout s'y dit tendrement.
On dit qu'on l'a drapé dans certaine satire;
Qu'un jeune homme... Ah! je sais ce que vous voulez dire,
A répondu notre hôte: « Un auteur sans défaut,
» La raison dit Virgile, et la rime Quinaut. »
Justement. A mon gré, la pièce est assez plate.
Et puis, blâmer Quinaut!... Avez-vous vu l'Astrate?
C'est là ce qu'on appelle un ouvrage achevé!
Sur-tout l'Anneau royal me semble bien trouvé.
Son sujet est conduit d'une belle manière;
Et chaque acte, en sa pièce, est une pièce entière.
Je ne puis plus souffrir ce que les autres font.
Il est vrai que Quinaut est un esprit profond,
A repris certain fat qu'à sa mine discrète
Et son maintien jaloux j'ai reconnu poète:
Mais il en est pourtant qui le pourraient valoir.
Ma foi, ce n'est pas vous qui nous le ferez voir,
A dit mon campagnard avec une voix claire,
Et déjà tout bouillant de vin et de colère.
Peut-être, a dit l'auteur pâlissant de courroux:
Mais vous, pour en parler, vous y connaissez-vous?
Mieux que vous mille fois, dit le noble en furie.
Vous? mon dieu! mêlez-vous de boire, je vous prie,
A l'auteur sur-le-champ aigrement reparti.
Je suis donc un sot, moi? Vous en avez menti,
Reprend le campagnard; et sans plus de langage,
Lui jette pour défi son assiette au visage.

L'autre esquive le coup, et l'assiette volant
S'en va frapper le mur, et revient en roulant.
A cet affront l'auteur, se levant de la table,
Lance à mon campagnard un regard effroyable;
Et, chacun vainement se ruant entre deux,
Nos braves s'accrochant se prennent aux cheveux.
Aussitôt sous leurs pieds les tables renversées
Font voir un long débris de bouteilles cassées;
En vain à lever tout les valets sont fort prompts,
Et les ruisseaux de vin coulent aux environs.
   Enfin, pour arrêter cette lutte barbare,
De nouveau l'on s'efforce, on crie, on les sépare;
Et, leur première ardeur, passant en un moment,
On a parlé de paix et d'accommodement.
Mais, tandis qu'à l'envi tout le monde y conspire,
J'ai gagné doucement la porte sans rien dire,
Avec un bon serment que si pour l'avenir
En pareille cohue on me peut retenir,
Je consens de bon cœur, pour punir ma folie,
Que tous les vins pour moi deviennent vins de Brie;
Qu'à Paris le gibier manque tous les hivers,
Et qu'à peine au mois d'août l'on mange des pois verts.

SATIRE IV.

A M. L'ABBÉ LE VAYER.

La satire IV a été faite en l'année 1664, immédiatement après la seconde satire, et avant le Discours au roi. M. Despréaux en conçut l'idée dans une conversation qu'il eut avec l'abbé le Vayer et Molière, dans laquelle on prouve, par divers exemples, que tous les hommes sont fous et que chacun croit néanmoins être sage tout seul. Cette proposition fait le sujet de cette satire.

D'où vient, cher le Vayer, que l'homme le moins sage
Croit toujours seul avoir la sagesse en partage,
Et qu'il n'est point de fou qui, par de belles raisons,
Ne loge son voisin aux petites-maisons?
Un pédant, enivré de sa vaine science,
Tout hérissé de grec, tout bouffi d'arrogance,
Et qui, de mille auteurs retenus mot pour mot,
Dans sa tête entassés, n'a souvent fait qu'un sot,
Croit qu'un livre fait tout, et que, sans Aristote,
La raison ne voit goutte, et le bon sens radote.
D'autre part un galant, de qui tout le métier
Est de courir le jour de quartier en quartier,
Et d'aller, à l'abri d'une perruque blonde,
De ses froides douceurs fatiguer tout le monde;
Condamne la science, et, blâmant tout écrit,
Croit qu'en lui l'ignorance est un titre d'esprit;
Que c'est des gens de cour le plus beau privilége,
Et renvoie un savant dans le fond d'un collége.
Un bigot orgueilleux, qui, dans sa vanité,
Croit duper jusqu'à Dieu par son zèle affecté,

Couvrant tous ses défauts d'une sainte apparence,
Damne tous les humains de sa pleine puissance.
Un libertin, d'ailleurs, qui, sans ame et sans foi,
Se fait de son plaisir une suprême loi,
Tient que ces vieux propos de démons et de flammes,
Sont bons pour étonner des enfans et des femmes;
Que c'est s'embarrasser de soucis superflus,
Et qu'enfin tout dévot a le cerveau perclus.
En un mot qui devrait épuiser ces matières,
Peignant de tant d'esprit les diverses manières,
Il compterait plutôt combien, dans un printemps;
Guenaud et l'antimoine ont fait mourir de gens,
Et combien la Neveu *, devant son mariage,
A de fois au public vendu son pucelage.
Mais, sans errer en vain dans ses vagues propos,
Et pour rimer ici ma pensée en deux mots,
N'en déplaise à ces fous nommés sages de Grèce,
En ce monde il n'est point de parfaite sagesse;
Tous les hommes sont fous, et, malgré tous leurs soins,
Ne diffèrent entr'eux que du plus ou du moins.
Comme on voit qu'en un bois que cent routes séparent
Les voyageurs sans guide assez souvent s'égarent,
L'un à droit, l'autre à gauche, et courant vainement,
La même erreur les fait errer diversement:
Chacun suit dans le monde une route incertaine,
Selon que son erreur le joue et le promène;
Et tel y fait l'habile et nous traite de fous,
Qui sous le nom de sage est le plus fou de tous.
Mais, quoi que sur ce point la satire publie,
Chacun veut en sagesse ériger sa folie,

---

* Infâme débordée, connue de tout le monde.

Et, se laissant régler à son esprit tortu,
De ses propres défauts se fait une vertu.
Ainsi, cela soit dit pour qui veut se connaître,
Le plus sage est celui qui ne pense point l'être;
Qui, toujours pour un autre enclin vers la douceur,
Se regarde soi-même en sévère censeur,
Rend à tous ses défauts une exacte justice,
Et fait sans se flatter le procès à son vice.
Mais chacun pour soi-même est toujours indulgent.
Un avare, idolâtre et fou de son argent,
Rencontrant la disette au sein de l'abondance,
Appelle sa folie une rare prudence,
Et met toute sa gloire et son souverain bien
A grossir un trésor qui ne lui sert de rien.
Plus il le voit accru, moins il en sait l'usage.
Sans mentir, l'avarice est une étrange rage,
Dira cet autre fou, non moins privé de sens,
Qui jette, furieux, son bien à tous venans,
Et dont l'ame inquiète, à soi-même importune,
Se fait un embarras de sa bonne fortune.
Qui des deux en effet est le plus aveuglé?
L'un et l'autre, à mon sens, ont le cerveau troublé,
Répondra chez Fredoc ce marquis sage et prude,
Et qui sans cesse au jeu, dont il fait son étude,
Attendant son destin d'un quatorze ou d'un sept,
Voit sa vie ou sa mort sortir de son cornet.
Que si d'un sort fâcheux la maligne inconstance
Vient par un coup fatal faire tourner la chance,
Vous le verrez bientôt, les cheveux hérissés,
Et les yeux vers le ciel de fureur élancés,
Ainsi qu'un possédé que le prêtre exorcise,
Fêter dans ses sermens tous les saints de l'Eglise.

Qu'on le lie ; ou je crains, à son air furieux,
Que ce nouveau Titan n'escalade les cieux.
Mais laissons-le plutôt en proie à son caprice.
Sa folie, aussi bien, lui tient lieu de supplice.
Il est d'autres erreurs dont l'aimable poison
D'un charme bien plus doux enivre la raison ;
L'esprit dans ce nectar heureusement s'oublie.
Chapelain veut rimer*, et c'est là sa folie.
Mais bien que ses durs vers, d'épithètes enflés,
Soient des moindres grimauds chez Ménage** sifflés,
Lui-même il s'applaudit, et d'un esprit tranquille
Prend le pas au Parnasse au-dessus de Virgile.
Que ferait-il, hélas ! si quelqu'audacieux
Allait pour son malheur lui dessiller les yeux ;
Lui faisant voir ses vers et sans force et sans graces
Montés sur deux grands mots, comme sur deux échasses ;
Ses termes sans raison l'un de l'autre écartés,
Et ses froids ornemens à la ligne plantés ?
Qu'il maudirait le jour où son ame insensée
Perdit l'heureuse erreur qui charmait sa pensée !
Jadis certain bigot, d'ailleurs homme sensé,
D'un mal assez bizarre eut le cerveau blessé,
S'imaginant sans cesse, en sa douce manie,
Des esprits bienheureux entendre l'harmonie.
Enfin un médecin fort expert en son art
Le guérit par adresse, ou plutôt par hasard.
Mais voulant de ses soins exiger le salaire,
Moi ! vous payer ! lui dit le bigot en colère,

---

* Cet auteur, avant que sa Pucelle fût imprimée, passait pour le premier poète du siècle : l'impression gâta tout.

** On tenait chez Ménage, toutes les semaines, une assemblée où allaient beaucoup de petits esprits.

Vous, dont l'art infernal, par des secrets maudis,
En me tirant d'erreur m'ôte du paradis!

J'approuve son courroux; car, puisqu'il faut le dire,
Souvent de tous nos maux la raison est le pire.
C'est elle qui, farouche au milieu des plaisirs,
D'un remords importun vient brider nos désirs.
La fâcheuse a pour nous des rigueurs sans pareilles,
C'est un pédant qu'on a sans cesse à ses oreilles,
Qui toujours nous gourmande, et, loin de nous toucher,
Souvent, comme Joly*, perd son temps à prêcher.
En vain certains rêveurs nous l'habillent en reine,
Veulent sur tous nos sens la rendre souveraine,
Et, s'en formant en terre une divinité,
Pensent aller par elle à la félicité;
C'est elle, disent-ils, qui nous montre à bien vivre.
Ces discours, il est vrai, sont fort beaux dans un livre:
Je les estime fort; mais je trouve en effet
Que le plus fou souvent est le plus satisfait.

---

* Illustre prédicateur, alors curé de Saint-Nicolas-des-Champs, à Paris, et depuis évêque d'Agen.

SATIRE V.

A M. LE MARQUIS DE DANGEAU.

Cette satire a été faite en l'année 1665. L'auteur fait voir que la véritable noblesse consiste dans la vertu, indépendamment de la naissance. Juvénal a traité la même matière dans sa satire VIII.

La noblesse, Dangeau, n'est pas une chimère,
Quand, sous l'étroite loi d'une vertu sévère,
Un homme issu d'un sang fécond en demi-dieux,
Suit, comme toi, la trace où marchaient ses aïeux.
Mais je ne puis souffrir qu'un fat, dont la mollesse
N'a rien pour s'appuyer qu'une vaine noblesse,
Se pare insolemment du mérite d'autrui,
Et me vante un honneur qui ne vient pas de lui.
Je veux que la valeur de ses aïeux antiques
Ait fourni de matière aux plus vieilles chroniques,
Et que l'un des Capets, pour honorer leur nom,
Ait de trois fleurs de lis doté leur écusson.
Que sert ce vain amas d'une inutile gloire,
Si, de tant de héros célèbres dans l'histoire,
Il ne peut rien offrir aux yeux de l'univers
Que de vieux parchemins qu'ont épargnés les vers;
Si, tout sorti qu'il est d'une source divine,
Son cœur dément en lui sa superbe origine,
Et, n'ayant rien de grand qu'une sotte fierté,
S'endort dans une lâche et molle oisiveté?
Cependant, à le voir avec tant d'arrogance
Vanter le faux éclat de sa haute naissance,
On dirait que le ciel est soumis à sa loi,
Et que Dieu l'a pétri d'autre limon que moi.

Enivré de lui-même, il croit, dans sa folie,
Qu'il faut que devant lui d'abord tout s'humilie.
Aujourd'hui toutefois, sans trop le ménager,
Sur ce ton un peu haut je vais l'interroger.

Dites-moi, grand héros, esprit rare et sublime,
Entre tant d'animaux, qui sont ceux qu'on estime?
On fait cas d'un coursier qui, fier et plein de cœur,
Fait paraître en courant sa bouillante vigueur;
Qui jamais ne se lasse, et qui dans la carrière
S'est couvert mille fois d'une noble poussière:
Mais la postérité d'Alfane * et de Bayard **,
Quand ce n'est qu'une rosse, est vendue au hasard,
Sans respect des aïeux dont elle est descendue,
Et va porter la malle ou tirer la charrue.
Pourquoi donc voulez-vous que, par un sot abus,
Chacun respecte en vous un honneur qui n'est plus?
On ne m'éblouit point d'une apparence vaine:
La vertu d'un cœur noble est la marque certaine.
Si vous êtes sorti de ces héros fameux,
Montrez-nous cette ardeur qu'on vit briller en eux,
Ce zèle pour l'honneur, cette horreur pour le vice.
Respectez-vous les lois? fuyez-vous l'injustice?
Savez-vous pour la gloire oublier le repos,
Et dormir en plein champ le harnois sur le dos?
Je vous connais pour noble à ces illustres marques,
Alors soyez issu des plus fameux monarques,
Venez de mille aïeux; et, si ce n'est assez,
Feuilletez à loisir tous les siècles passés;

---

* Cheval du roi Gradasse dans l'Arioste.

** Cheval des quatre fils Aymon.

Voyez de quel guerrier il vous plaît de descendre ;
Choisissez de César, d'Achille ou d'Alexandre :
En vain un faux censeur voudrait vous démentir,
Et si vous n'en sortez, vous en devez sortir.
Mais fussiez-vous issu d'Hercule en droite ligne,
Si vous ne faites voir qu'une bassesse indigne,
Ce long amas d'aïeux que vous diffamez tous
Sont autant de témoins qui parlent contre vous ;
Et tout ce grand éclat de leur gloire ternie
Ne sert plus que de jour à votre ignominie.
En vain vous vous couvrez des vertus de vos pères ;
Ce ne sont à mes yeux que de vaines chimères ;
Je ne vois rien en vous qu'un lâche, un imposteur,
Un traître, un scélérat, un perfide, un menteur,
Un fou, dont les accès vont jusqu'à la furie,
Et d'un tronc fort illustre une branche pourrie.
  Je m'emporte peut-être, et ma muse en fureur
Verse dans ses discours trop de fiel et d'aigreur :
Il faut avec les grands un peu de retenue.
Hé bien ! je m'adoucis. Votre race est connue.
Depuis quand ? répondez. Depuis mille ans entiers ;
Et vous pouvez fournir deux fois seize quartiers.
C'est beaucoup. Mais enfin les preuves en sont claires ;
Tous les livres sont pleins des titres de vos pères ;
Leurs noms sont échappés du naufrage des temps ;
Mais qui m'assurera qu'en ce long cercle d'ans
A leurs fameux époux vos aïeules fidelles
Aux douceurs des galans furent toujours rebelles ?
Et comment savez-vous si quelque audacieux
N'a point interrompu le cours de vos aïeux,
Et si leur sang tout pur, ainsi que leur noblesse,
Est passé jusqu'à vous de Lucrèce en Lucrèce ?

Que maudit soit le jour où cette vanité
Vint ici de nos mœurs souiller la pureté!
Dans les temps bienheureux du monde en son enfance,
Chacun mettait sa gloire en sa seule innocence,
Chacun vivait content et sous d'égales lois;
Le mérite y faisait la noblesse et les rois;
Et, sans chercher l'appui d'une naissance illustre,
Un héros de soi-même empruntait tout son lustre.
Mais enfin par le temps le mérite avili
Vit l'honneur en roture et le vice ennobli;
Et l'orgueil, d'un faux titre appuyant sa faiblesse,
Maîtrisa les humains sous le nom de noblesse.
De-là vinrent en foule et marquis et barons:
Chacun pour ses vertus n'offrit plus que des noms.
Aussitôt maint esprit fécond en rêveries
Inventa le blason avec les armoiries;
De ses termes obscurs fit un langage à part;
Composa tous ses mots de Cimier et d'Ecart,
De Pal, de Contrepal, de Lambel et de Fasce,
Et tout ce que Segoing * dans son Mercure entasse.
Une vaine folie enivrant la raison,
L'honneur triste et honteux ne fut plus de saison:
Alors, pour soutenir son rang et sa naissance,
Il fallut étaler le luxe et la dépense;
Il fallut habiter un superbe palais,
Faire par les couleurs distinguer ses valets;
Et, traînant en tous lieux de pompeux équipages,
Le duc et le marquis ** se reconnut aux pages.

---

* Auteur qui a fait le Mercure armorial.

** Tous les gentilshommes considérables, en ce temps-là, avaient des pages.

Bientôt, pour subsister, la noblesse sans bien
Trouva l'art d'emprunter et de ne rendre rien;
Et, bravant des sergens la timide cohorte,
Laissa le créancier se morfondre à sa porte.
Mais, pour comble, à la fin le marquis en prison
Sous le faix des procès vit tomber sa maison.
Alors le noble altier, pressé de l'indigence,
Humblement du faquin rechercha l'alliance;
Avec lui trafiquant d'un nom si précieux,
Par un lâche contrat vendit tous ses aïeux;
Et, corrigeant ainsi la fortune ennemie,
Rétablit son honneur à force d'infamie.

Car, si l'éclat de l'or ne relève le sang,
En vain l'on fait briller la splendeur de son rang;
L'amour de vos aïeux passe en vous pour manie,
Et chacun pour parent vous fuit et vous renie.
Mais quand un homme est riche il vaut toujours son prix:
Et, l'eût-on vu porter la mandille * à Paris,
N'eût-il de son vrai nom ni titre ni mémoire,
D'Hosier ** lui trouvera cent aïeux dans l'histoire.
Toi donc qui, de mérite et d'honneur revêtu,
Des écueils de la cour as sauvé ta vertu,
Dangeau, qui dans le rang où notre roi t'appelle,
Le vois toujours orné d'une gloire nouvelle,
Et plus brillant par soi que par l'éclat des lis,
Dédaigner tous ces rois dans la pourpre amollis;
Fuir d'un honteux loisir la douceur importune;
A ses sages conseils asservir la fortune;

* Petite casaque qu'en ce temps-là portaient les laquais.

** Auteur très-savant dans la généalogie.

Et, de tout son bonheur ne devant rien qu'à soi,
Montrer à l'univers ce que c'est qu'être roi :
Si tu veux te couvrir d'un éclat légitime,
Va par mille beaux faits mériter son estime ;
Sers un si noble maître, et fais voir qu'aujourd'hui
Ton prince a des sujets qui sont dignes de lui.

SATIRE VI.

Cette satire contient la description des embarras de Paris. Elle a été composée dans le même temps que la première satire dont elle faisait partie. C'est une imitation de la satire III de Juvénal.

Qui frappe l'air, bon Dieu! de ces lugubres cris?
Est-ce donc pour veiller qu'on se couche à Paris?
Et quel fâcheux démon, durant les nuits entières,
Rassemble ici les chats de toutes les gouttières?
J'ai beau sauter du lit, plein de trouble et d'effroi,
Je pense qu'avec eux tout l'enfer est chez moi:
L'un miaule en grondant comme un tigre en furie;
L'autre roule sa voix comme un enfant qui crie.
Ce n'est pas tout encor; les souris et les rats
Semblent, pour m'éveiller, s'entendre avec les chats,
Plus importuns pour moi, durant la nuit obscure,
Que jamais en plein jour ne fut l'abbé de Pure *.
Tout conspire à-la-fois à troubler mon repos,
Et je me plains ici du moindre de mes maux:
Car, à peine les coqs, commençant leur ramage,
Auront de cris aigus frappé le voisinage,
Qu'un affreux serrurier, laborieux Vulcain,
Qu'éveillera bientôt l'ardente soif du gain,
Avec un fer maudit qu'à grand bruit il apprête,
De cent coups de marteau me va fendre la tête.
J'entends déjà par-tout les charettes courir,
Les maçons travailler, les boutiques s'ouvrir:

---

* Ennuyeux célèbre.

Tandis que dans les airs mille cloches émues,
D'un funèbre concert font retentir les nues;
Et se mêlant au bruit de la grêle et des vents,
Pour honorer les morts font mourir les vivans.
Encor je bénirais la bonté souveraine,
Si le ciel à ces maux avait borné ma peine.
Mais si seul en mon lit je peste avec raison,
C'est encor pis vingt fois en quittant la maison:
En quelqu'endroit que j'aille, il faut fendre la presse
D'un peuple d'importuns qui fourmillent sans cesse:
L'un me heurte d'un ais dont je suis tout froissé;
Je vois d'un autre coup mon chapeau renversé.
Là, d'un enterrement la funèbre ordonnance
D'un pas lugubre et lent vers l'église s'avance;
Et plus loin des laquais, l'un l'autre s'agaçans,
Font aboyer les chiens et jurer les passans.
Des paveurs en ce lieu me bouchent le passage.
Là je trouve une croix* de funeste présage;
Et des couvreurs grimpés au toit d'une maison
En font pleuvoir l'ardoise et la tuile à foison.
Là sur une charette une poutre branlante
Vient menaçant de loin la foule qu'elle augmente;
Six chevaux attelés à ce fardeau pesant
Ont peine à l'émouvoir sur le pavé glissant;
D'un carrosse en tournant il accroche une roue,
Et du choc le renverse en un grand tas de boue;
Quand un autre à l'instant, s'efforçant de passer,
Dans le même embarras se vient embarrasser.

---

* On faisait pendre alors du toit de toutes les maisons que l'on couvrait, une croix de lattes pour avertir les passans de s'éloigner. On n'y pend plus maintenant qu'une simple latte.

Vingt carrosses bientôt arrivant à file
Y sont en moins de rien suivis de plus de mille :
Et, pour surcroît de maux, un sort malencontreux
Conduit en cet endroit un grand troupeau de bœufs ;
Chacun prétend passer : l'un mugit, l'autre jure ;
Des mulets en sonnant augmentent le murmure.
Aussitôt cent chevaux dans la foule appelés
De l'embarras qui croît ferment les défilés,
Et par-tout des passants enchaînant les brigades
Au milieu de la paix font voir les barricades ;
On n'entend que des cris poussés confusément :
Dieu, pour s'y faire ouir, tonneroit vainement.
Moi donc, qui dois souvent en certains lieux me rendre,
Le jour déjà baissant, et qui suis las d'attendre,
Ne sachant plus tantôt à quel saint me vouer,
Je me mets au hasard de me faire rouer.
Je saute vingt ruisseaux, j'esquive, je me pousse ;
Quenaud* sur son cheval en passant m'éclabousse ;
Et, n'osant plus paraître en l'éat où je suis,
Sans songer où je vais, je me sauve où je puis.

Tandis que dans un coin en grondant je m'essuie,
Souvent, pour m'achever, il survient une pluie :
On dirait que le ciel, qui se fond tout en eau,
Veuille inonder ces lieux d'un déluge nouveau.
Pour traverser la rue, au milieu de l'orage,
Un ais sur deux pavés forme un étroit passage ;
Le plus hardi laquais n'y marche qu'en tremblant ;
Il faut pourtant passer sur ce pont chancelant ;

---

* C'était le plus célèbre médecin de Paris, et qui allait toujours à cheval.

Et les nombreux torrens qui tombent des gouttières
Grossissant les ruisseaux en ont fait des rivières.
J'y passe en trébuchant ; mais, malgré l'embarras,
La frayeur de la nuit précipite mes pas.
Car, sitôt que du soir les ombres pacifiques
D'un double cadenas font fermer les boutiques ;
Que, retiré chez lui, le paisible marchand
Va revoir ses billets et compter son argent ;
Que dans le marché neuf tout est calme et tranquille ;
Les voleurs à l'instant s'emparent de la ville*,
Le bois le plus funeste et le moins fréquenté
Est, au prix de Paris, un lieu de sûreté.
Malheur donc à celui qu'une affaire imprévue
Engage un peu trop tard au détour d'une rue !
Bientôt quatre bandits lui serrant les côtés,
La bourse !.... Il faut se rendre ; ou bien non, résistez,
Afin que votre mort, de tragique mémoire,
Des massacres fameux aille grossir l'histoire**.
Pour moi, fermant ma porte et cédant au sommeil,
Tous les jours je me couche avecque le soleil.
Mais en ma chambre à peine ai-je éteint la lumière,
Qu'il ne m'est plus permis de fermer la paupière :
Des filous effrontés, d'un coup de pistolet
Ebranlent ma fenêtre et percent mon volet :
J'entends crier par-tout : Au meurtre ! On m'assassine !
Ou : Le feu vient de prendre à la maison voisine !
Tremblant et demi mort je me lève à ce bruit,
Et souvent sans pourpoint*** je cours toute la nuit.

---

* On volait beaucoup en ce temps-là dans les rues de Paris.

** Il y a une histoire intitulée *Histoire des Larrons.*

*** Tout le monde, en ce temps-là, portait des pourpoints.

Car le feu, dont la flamme en ondes se déploie,
Fait de notre quartier une seconde Troïe,
Où maint Grec affamé, maint avide Argien,
Au travers des charbons va piller le Troyen.
Enfin sous mille crocs la maison abîmée
Entraîne aussi le feu qui se perd en fumée.
 Je me retire donc, encor pâle d'effroi :
Mais le jour est venu quand je rentre chez moi.
Je fais pour reposer un effort inutile :
Ce n'est qu'à prix d'argent qu'on dort en cette ville.
Il faudroit, dans l'enclos d'un vaste logement,
Avoir loin de la rue un autre appartement.
 Paris est pour un riche un pays de cocagne,
Sans sortir de la ville il trouve la campagne :
Il peut dans son jardin, tout peuplé d'arbres verts,
Receler le printemps au milieu des hivers,
Et, foulant le parfum de ses plantes fleuries,
Aller entretenir ses douces rêveries.
 Mais moi, grace au destin, qui n'ai ni feu ni lieu,
Je me loge où je puis, et comme il plaît à Dieu.

SATIRE VII.

Cette satire a été faite immédiatement après la satire première et la sixième, à la fin de l'année 1663. L'auteur délibère avec sa muse s'il doit continuer à composer des satires; mais comme son génie l'entraîne de ce côté-là, il se détermine enfin à suivre son inclination. Horace lui a fourni cette idée dans la satire première du livre II.

Muse, changeons de style, et quittons la satire,
C'est un méchant métier que celui de médire;
A l'auteur qui l'embrasse il est toujours fatal:
Le mal qu'on dit d'autrui ne produit que du mal.
Maint poète, aveuglé d'une telle manie,
En courant à l'honneur trouve l'ignominie;
Et tel mot, pour avoir réjoui le lecteur,
A coûté bien souvent des larmes à l'auteur.

Un éloge ennuyeux, un froid panégyrique,
Peut pourrir à son aise au fond d'une boutique,
Ne craint point du public les jugemens divers,
Et n'a pour ennemis que la poudre et les vers.
Mais un auteur malin, qui rit et qui fait rire,
Qu'on blâme en le lisant, et pourtant qu'on veut lire,
Dans ses plaisans accès qui se croit tout permis,
De ses propres rieurs se fait des ennemis.
Un discours trop sincère aisément nous outrage:
Chacun dans ce miroir pense voir son visage;
Et tel, en vous lisant, admire chaque trait,
Qui dans le fond de l'ame et vous craint et vous hait.

Muse, c'est donc en vain que la main vous démange:
S'il faut rimer ici, rimons quelque louange;

Et cherchons un héros, parmi cet univers,
Digne de notre encens et digne de nos vers.
Mais à ce grand effort en vain je vous anime :
Je ne puis pour louer rencontrer une rime :
Dès que j'y veux rêver ma veine est aux abois.
J'ai beau frotter mon front, j'ai beau mordre mes doigts,
Je ne puis arracher du creux de ma cervelle
Que des vers plus forcés que ceux de la Pucelle *.
Je pense être à la gêne ; et, pour un tel dessein,
La plume et le papier résistent à ma main.
Mais quand il faut railler, j'ai ce que je souhaite.
Alors, certes, alors je me connais poëte :
Phébus, dès que je parle, est prêt à m'exaucer;
Mes mots viennent sans peine, et courent se placer:
Faut-il peindre un fripon fameux dans cette ville?
Ma main, sans que j'y rêve, écrira Raumaville.
Faut-il d'un sot parfait montrer l'original?
Ma plume au bout du vers d'abord trouve Sofal :
Je sens que mon esprit travaille de génie.
Faut-il d'un froid rimeur dépeindre la manie?
Mes vers, comme un torrent, coulent sur le papier ;
Je rencontre à-la-fois Perrin et Pelletier,
Bonnecorse, Pradon, Colletet, Titreville ** ;
Et, pour un que je veux, j'en trouve plus de mille.
Aussitôt je triomphe, et ma muse en secret
S'estime et s'applaudit du beau coup qu'elle a fait.
C'est en vain qu'au milieu de ma fureur extrême
Je me fais quelquefois des leçons à moi-même ;

* Poëme héroïque de Chapelain, dont tous les vers semblent être faits en dépit de Minerve.

** Poëtes décriés.

En vain je veux au moins faire grâce à quelqu'un ;
Ma plume aurait regret d'en épargner aucun ;
Et, sitôt qu'une fois la verve me domine,
Tout ce qui s'offre à moi passe par l'étamine.
Le mérite pourtant m'est toujours précieux ;
Mais tout fat me déplaît et me blesse les yeux ;
Je le poursuis partout comme un chien fait sa proie,
Et ne le sens jamais qu'aussitôt je n'aboie.
Enfin, sans perdre temps en de si vains propos,
Je sais coudre une rime au bout de quelques mots,
Souvent j'habille en vers une maligne prose :
C'est par là que je vaux, si je vaux quelque chose.
Ainsi, soit que bientôt, par une dure loi,
La mort d'un vol affreux vienne fondre sur moi,
Soit que le ciel me garde un cours long et tranquille,
A Rome ou dans Paris, aux champs ou dans la ville,
Dût ma muse par là choquer tout l'univers,
Riche, gueux, triste ou gai, je veux faire des vers.
Pauvre esprit, dira-t-on, que je plains ta folie !
Modère ces bouillons de ta mélancolie,
Et garde qu'un de ceux que tu penses blâmer
N'éteigne dans ton sang cette ardeur de rimer.
Hé quoi ! lorsqu'autrefois Horace, après Lucile,
Exhalait en bons mots les vapeurs de sa bile,
Et, vengeant la vertu par des traits éclatans,
Allait ôter le masque aux vices de son temps ;
Ou bien quand Juvénal, de sa mordante plume
Faisait couler des flots de fiel et d'amertume,
Gourmandait en courroux tout le peuple latin,
L'un ou l'autre fit-il une tragique fin ?
Et que craindre après tout d'une fureur si vaine ?
Personne ne connaît ni mon nom ni ma veine.

On ne voit point mes vers, à l'envi de Montreuil *,
Grossir impunément les feuillets d'un recueil.
A peine quelquefois je me force à les lire,
Pour plaire à quelqu'ami que charme la satire,
Qui me flatte peut-être, et, d'un air imposteur,
Rit tout haut de l'ouvrage, et tout bas de l'auteur.
Enfin c'est mon plaisir; je veux me satisfaire :
Je ne puis bien parler, et ne saurais me taire;
Et dès qu'un mot plaisant vient luire à mon esprit,
Je n'ai point de repos qu'il ne soit en écrit :
Je ne résiste point au torrent qui m'entraîne.
 Mais c'est assez parlé; prenons un peu d'haleine;
Ma main, pour cette fois, commence à se lasser.
Finissons. Mais demain, Muse, à recommencer.

* Le nom de Montreuil dominait dans tous les fréquens recueils de poésies choisies qu'on faisait alors.

SATIRE VIII.

A MONSIEUR M***, DOCTEUR DE SORBONNE.

Cette satire, que l'auteur nommait la satire de l'homme, fut composée en 1667. Elle est tout à-fait dans le goût de Perse, et marque un philosophe chagrin qui ne peut souffrir les vices des hommes. Elle est adressée à M. Morel, docteur de Sorbonne, qui était de Châlons en Champagne, d'une bonne famille de robe; il mourut à Paris, le 30 avril 1679, étant doyen de la faculté de théologie, et chanoine théologal de Paris.

De tous les animaux qui s'élèvent dans l'air,
Qui marchent sur la terre, ou nagent dans la mer,
De Paris au Pérou, du Japon jusqu'à Rome,
Le plus sot animal, à mon avis, c'est l'homme.
Quoi! dira-t-on d'abord, un ver, une fourmi,
Un insecte rampant qui ne vit qu'à demi,
Un taureau qui rumine, une chèvre qui broute,
Ont l'esprit mieux tourné que n'a l'homme! oui, sans doute.
Ce discours te surprend, Docteur; je l'aperçoi.
L'homme de la nature est le chef et le roi;
Bois, prés, champs, animaux, tout est pour son usage,
Et lui seul a, dis-tu, la raison en partage.
Il est vrai, de tout temps la raison fut son lot:
Mais de là je conclus que l'homme est le plus sot.
Ces propos, diras-tu, sont bons dans la satire,
Pour égayer d'abord un lecteur qui veut rire;
Mais il faut les prouver. En forme. J'y consens.
Réponds-moi donc, docteur, et mets-toi sur les bancs.

Qu'est-ce que la sagesse? Une égalité d'ame
Que rien ne peut troubler, qu'aucun désir n'enflamme,
Qui marche en ses conseils à pas plus mesurés
Qu'un doyen au palais ne monte les degrés.
Or cette égalité dont se forme le sage,
Qui jamais moins que l'homme en a connu l'usage?
La fourmi tous les ans traversant les guerets
Grossit ses magasins des trésors de Cerès;
Et dès que l'aquilon, ramenant la froidure,
Vient de ses noirs frimas attrister la nature,
Cet animal, tapi dans son obscurité,
Jouit, l'hiver, des biens conquis durant l'été.
Mais on ne la voit point, d'une humeur inconstante,
Paresseuse au printemps, en hiver diligente,
Affronter en plein champ les fureurs de janvier,
Ou demeurer oisive au retour du bélier.
Mais l'homme, sans arrêt, dans sa course insensée,
Voltige incessamment de pensée en pensée:
Son cœur, toujours flottant entre mille embarras,
Ne sait ni ce qu'il veut ni ce qu'il ne veut pas.
Ce qu'un jour il abhorre, en l'autre il le souhaite.
Moi! j'irais épouser une femme coquette!
J'irais, par ma constance aux affronts endurci,
Me mettre au rang des saints qu'a célébrés Bussi*!
Assez de sots sans moi feront parler la ville,
Disait le mois passé ce marquis indocile
Qui, depuis quinze jours dans le piége arrêté,
Entre les bons maris pour exemple cité,

---

* Bussi, dans son *Histoire galante*, raconte beaucoup de galanteries très-criminelles des dames mariées de la cour.

Croit que Dieu, tout exprès, d'une côte nouvelle
A tiré pour lui seul une femme fidelle.
Voilà l'homme en effet. Il va du blanc au noir :
Il condamne au matin ses sentimens du soir :
Importun à tout autre, à soi-même incommode,
Il change à tous momens d'esprit comme de mode;
Il tourne au moindre vent; il tombe au moindre choc,
Aujourd'hui dans un casque, et demain dans un froc.
Cependant, à le voir, plein de vapeurs légères,
Soi-même se bercer de ses propres chimères,
Lui seul de la nature est la base et l'appui,
Et le dixième ciel ne tourne que pour lui.
De tous les animaux il est, dit-il, le maître.
Qui pourroit le nier? poursuis-tu. Moi, peut-être.
Mais, sans examiner si vers les antres sourds
L'ours a peur du passant, ou le passant de l'ours;
Et si, sur un édit des pâtres de Nubie,
Les lions de Barca videroient la Libye;
Ce maître prétendu qui leur donne des lois,
Ce roi des animaux, combien a-t-il de rois!
L'ambition, l'amour, l'avarice, la haine,
Tiennent comme un forçat son esprit à la chaîne.
Le sommeil sur ses yeux commence à s'épancher;
Debout, dit l'avarice, il est temps de marcher.
Hé! laissez-moi. Debout! Un moment. Tu répliques!
A peine le soleil fait ouvrir les boutiques.
N'importe, lève-toi. Pour quoi faire après tout?
Pour courir l'océan de l'un à l'autre bout,
Chercher jusqu'au Japon la porcelaine et l'ambre;
Rapporter de Goa* le poivre et le gingembre.

* Ville des Portugais dans les Indes orientales.

Mais j'ai des biens en foule, et je puis m'en passer.
On n'en peut trop avoir, et pour en amasser
Il ne faut épargner ni crime ni parjure;
Il faut souffrir la faim et coucher sur la dure;
Eût-on plus de trésors que n'en perdit Galet*,
N'avoir en sa maison ni meubles ni valet;
Parmi les tas de blé vivre de seigle et d'orge;
De peur de perdre un liard, souffrir qu'on vous égorge.
Et pourquoi cette épargne enfin? L'ignores-tu?
Afin qu'un héritier, bien nourri, bien vêtu,
Profitant d'un trésor en tes mains inutile,
De son train quelque jour embarrasse la ville.
Que faire? Il faut partir; les matelots sont prêts.
Ou, si pour l'entraîner, l'argent manque d'attraits,
Bientôt l'ambition et toute son escorte
Dans le sein du repos vient le prendre à main-forte,
L'envoie en furieux, au milieu des hasards,
Se faire estropier sur les pas des Césars;
Et, cherchant sur la brèche une mort indiscrète,
De sa folle valeur embellir la gazette.

Tout beau, dira quelqu'un, raillez plus à propos,
Ce vice fut toujours la vertu des héros.
Quoi donc! à votre avis, fut-ce un fou qu'Alexandre?
Qui? cet écervelé qui mit l'Asie en cendre?
Ce fougueux l'Angéli**, qui, de sang altéré,
Maître du monde entier, s'y trouvait trop serré?
L'enragé qu'il était, né roi d'une province
Qu'il pouvait gouverner en bon et sage prince,

---

* Fameux joueur dont il est fait mention dans Rénier.

* Il en est parlé dans la première satire.

S'en alla follement, et pensant être dieu,
Courir comme un bandit qui n'a ni feu ni lieu;
Et traînant avec soi les horreurs de la guerre,
De sa vaste folie emplir toute la terre.
Heureux, si de son temps, pour cent bonnes raisons,
La Macédoine eût eu des petites-maisons *,
Et qu'un sage tuteur l'eût en cette demeure,
Par avis de parens enfermé de bonne heure!

Mais, sans nous égarer dans ces digressions,
Traiter, comme Senaut, toutes les passions,
Et les distribuant par classes et par titres,
Dogmatiser en vers et rimer par chapitres,
Laissons-en discourir Lachambre et Coeffeteau **;
Et voyons l'homme enfin par l'endroit le plus beau.

Lui seul, vivant, dit-on, dans l'enceinte des villes,
Fait voir d'honnêtes mœurs, des coutumes civiles,
Se fait des gouverneurs, des magistrats, des rois,
Observe une police, obéit à des lois.

Il est vrai. Mais pourtant sans lois et sans police,
Sans craindre archers, prévôt, ni suppôt de justice,
Voit-on les loups brigands, comme nous inhumains,
Pour détrousser les loups courir les grands chemins?
Jamais, pour s'agrandir, vit-on dans sa manie
Un tigre en factions partager l'Hyrcanie *** ?
L'ours a-t-il dans les bois la guerre avec les ours?
La vautour dans les airs fond-il sur les vautours?

---

* C'est un hôpital de Paris où l'on enferme les fous.

** Senaut, Lachambre et Coeffeteau, ont tous trois fait chacun un Traité des passions.

*** Province de Perse sur les bords de la mer Caspienne.

A-t-on vu quelquefois dans les plaines d'Afrique,
Déchirant à l'envi leur propre république,
« Lions contre lions, parens contre parens,
» Combattre follement pour le choix des tyrans * ? »
L'animal le plus fier qu'enfante la nature
Dans un autre animal respecte sa figure ;
De sa rage avec lui modère les accès ;
Vit sans bruit, sans débats, sans noise, sans procès.
Un aigle, sur un champ prétendant droit d'aubaine**,
Ne fait point appeler un aigle à la huitaine.
Jamais contre un renard chicanant un poulet,
Un renard de son sac n'alla charger Rolet.
Jamais la biche en rut n'a pour fait d'impuissance,
Traîné du fond des bois un cerf à l'audience ;
Et jamais juge, entre eux ordonnant le congrès ***,
De ce brulesque mot n'a sali ses arrêts.
On ne connaît chez eux ni placets ni requêtes ;
Ni haut ni bas conseil, ni chambre des enquêtes.
Chacun l'un avec l'autre en toute sûreté
Vit sous les pures lois de la simple équité.
L'homme seul, l'homme seul, en sa fureur extrême,
Met un brutal honneur à s'égorger soi-même.
C'était peu que sa main, conduite par l'enfer,
Eût pétri le salpêtre, eût aiguisé le fer :
Il fallait que sa rage, à l'univers funeste,
Allât encor de lois embrouiller un digeste ;

---

* Parodie. Il y a dans Cinna : « Romains contre Romains, etc. »

** C'est un droit qu'a le roi de succéder aux biens des étrangers qui meurent en France et qui n'y sont point naturalisés.

*** Cet usage fut aboli sur le plaidoyer de M. le président de Lamoignon, alors avocat général.

Cherchât, pour l'obscurcir, des gloses, des docteurs,
Accablât l'équité sous des monceaux d'auteurs,
Et pour comble de maux apportât dans la France
Des harangueurs du temps l'ennuyeuse éloquence.
Doucement, diras-tu; que sert de s'emporter?
L'homme a ses passions, on n'en saurait douter;
Il a, comme la mer, ses flots et ses caprices;
Mais ses moindres vertus balancent tous ses vices.
N'est-ce pas l'homme enfin dont l'art audacieux
Dans le tour d'un compas a mesuré les cieux?
Dont la vaste science, embrassant toutes choses,
A fouillé la nature, en a percé les causes?
Les animaux ont-ils des universités?
Voit-on fleurir chez eux les quatre facultés?
Y voit-on des savans en droit, en médecine,
Endosser l'écarlate et se fourrer d'hermine *?
Non, sans doute, et jamais chez eux un médecin
N'empoisonna les bois de son art assassin.
Jamais docteur armé d'un argument frivole
Ne s'enroua chez eux sur les bancs d'une école.
Mais, sans chercher au fond si notre esprit déçu
Sait rien de ce qu'il sait, s'il a jamais rien su,
Toi-même, réponds-moi. Dans le siècle où nous sommes,
Est-ce au pied du savoir qu'on mesure les hommes?
Veux-tu voir tous les grands à ta porte courir,
Dit un père à son fils dont le poil va fleurir?
Prends-moi le bon parti, laisse-là tous les livres :
Cent francs au denier cinq combien font-ils? Vingt livres.

---

* L'université est composée de quatre facultés, qui sont les arts, la théologie, le droit et la médecine. Les docteurs portent, dans les jours de cérémonie, des robes rouges fourrées d'hermine.

C'est bien dit. Va, tu sais tout ce qu'il faut savoir.
Que de biens, que d'honneurs sur toi s'en vont pleuvoir!
Exerce-toi, mon fils, dans ces hautes sciences;
Prends, au lieu d'un Platon, le Guidon des finances*;
Sache quelle province enrichit les traitans;
Combien le sel au roi peut fournir tous les ans.
Endurcis-toi le cœur; sois arabe, corsaire,
Injuste, violent, sans foi, double, faussaire.
Ne va point sottement faire le généreux:
Engraisse-toi, mon fils, du suc des malheureux;
Et, trompant de Colbert la prudence importune,
Va par tes cruautés mériter la fortune.
Aussitôt tu verras poètes, orateurs,
Rhéteurs, grammairiens, astronomes, docteurs,
Dégrader les héros pour te mettre en leurs places,
De tes titres pompeux enfler leurs dédicaces,
Te prouver à toi-même, en grec, hébreu, latin,
Que tu sais de leur art et le fort et le fin.
Quiconque est riche est tout: sans sagesse il est sage;
Il a, sans rien savoir, la science en partage;
Il a l'esprit, le cœur, le mérite, le rang,
La vertu, la valeur, la dignité, le sang;
Il est aimé des grands, il est chéri des belles:
Jamais surintendant ne trouva de cruelles.
L'or, même à la laideur donne un teint de beauté:
Mais tout devient affreux avec la pauvreté.
   C'est ainsi qu'à son fils un usurier habile
Trace vers la richesse une route facile:
Et souvent tel y vient, qui sait pour tout secret,
Cinq et quatre font neuf, ôtez deux reste sept.

---

* Livre qui traite de finances.

Après cela, docteur, va pâlir sur la Bible;
Va marquer les écueils de cette mer terrible;
Perce la sainte horreur de ce livre divin;
Confonds dans un ouvrage et Luther et Calvin;
Débrouille des vieux temps les querelles célèbres;
Eclaircis des rabbins les savantes ténèbres,
Afin qu'en ta vieillesse un livre en maroquin
Aille offrir ton travail à quelqu'heureux faquin,
Qui, pour digne loyer de la Bible éclaircie,
Te paie, en l'acceptant, d'un « Je vous remercie. »
Ou, si ton cœur aspire à des honneurs plus grands,
Quitte là le bonnet, la Sorbonne et les bancs;
Et, prenant désormais un emploi salutaire,
Mets-toi chez un banquier, ou bien chez un notaire.
Laisse là saint Thomas s'accorder avec Scot;
Et conclus avec moi qu'un docteur n'est qu'un sot.
Un docteur! diras-tu. Parlez de vous, poète;
C'est pousser un peu loin votre muse indiscrète.
Mais, sans perdre en discours le temps hors de saison,
L'homme, venez au fait, n'a-t-il pas la raison?
N'est-ce pas son flambeau, son pilote fidelle?
Oui. Mais de quoi lui sert que sa voix le rapelle,
Si, sur la foi des vents, tout prêt à s'embarquer,
Il ne voit point d'écueil qu'il ne l'aille choquer?
Et que sert à Cotin * la raison qui lui crie:
N'écris plus, guéris-toi d'une vaine furie,
Si tous ces vains conseils, loin de les réprimer,
Ne font qu'accroître en lui la fureur de rimer?

---

* Il avait écrit contre moi et contre Molière; ce qui donna occasion à Molière de faire les *Femmes savantes* et d'y tourner Cotin en ridicule.

Tous les jours de ses vers qu'à grand bruit il récite,
Il met chez lui voisins, parens, amis en fuite.
Car lorsque son démon commence à l'agiter,
Tout, jusqu'à sa servante, est prêt à déserter.
Un âne, pour le moins, instruit par la nature,
A l'instinct qui le guide obéit sans murmure;
Ne va pas follement de sa bizarre voix
Défier aux chansons les oiseaux dans les bois :
Sans avoir la raison il marche sur sa route.
L'homme seul, qu'elle éclaire, en plein jour ne voit goutte;
Réglé par ses avis, fait tout à contre-temps,
Et dans tout ce qu'il fait n'a ni raison ni sens :
Tout lui plaît et déplaît, tout le choque et l'oblige;
Sans raison il est gai, sans raison il s'afflige;
Son esprit au hasard aime, évite, poursuit,
Défait, refait, augmente, ôte, élève, détruit.
Et voit-on, comme lui, les ours ni les panthères
S'effrayer sottement de leurs propres chimères?
Plus de douze attroupés craindre le nombre impair,
Ou croire qu'un corbeau * les menace dans l'air!
Jamais l'homme, dis-moi, vit-il la bête folle
Sacrifier à l'homme, adorer son idole,
Lui venir, comme au dieu des saisons et des vents,
Demander à genoux la pluie ou le beau temps?
Non. Mais cent fois la bête a vu l'homme hypocondre
Adorer le métal que lui-même il fit fondre;
A vu dans un pays les timides mortels
Trembler aux pieds d'un singe assis sur leurs autels,

---

* Bien des gens croient que, lorsqu'on se trouve treize à table, il y a toujours dans l'année un des treize qui meurt, et qu'un corbeau aperçu dans l'air présage quelque chose de sinistre.

Et sur les bords du Nil les peuples imbéciles,
L'encensoir à la main, chercher des crocodiles.
Mais pourquoi, diras-tu, cet exemple odieux?
Que peut servir ici l'Egypte et ses faux dieux?
Quoi! me prouverez-vous par ce discours profane
Que l'homme, qu'un docteur est au-dessous d'un âne?
Un âne, le jouet de tous les animaux,
Un stupide animal, sujet à mille maux:
Dont le nom seul en soi comprend une satire!
Oui, d'un âne. Et qu'a-t-il qui nous excite à rire?
Nous nous moquons de lui. Mais s'il pouvoit un jour,
Docteur, sur nos défauts s'exprimer à son tour;
Si, pour nous réformer, le ciel prudent et sage
De la parole enfin lui permettait l'usage;
Qu'il pût dire tout haut ce qu'il se dit tout bas;
Ah! docteur, entre nous, que ne diroit-il pas!
Et que peut-il penser lorsque dans une rue
Au milieu de Paris il promène sa vue;
Qu'il voit de toutes parts les hommes bigarrés:
Les uns gris, les uns noirs, les autres chamarrés?
Que dit-il quand il voit, avec la mort en trousse,
Courir chez un malade un assassin en housse;
Qu'il trouve de pédans un escadron fourré,
Suivi par un recteur de bedeaux entouré,
Ou qu'il voit la Justice, en grosse compagnie,
Mener tuer un homme avec cérémonie?
Que pense-t-il de nous lorsque sur le midi
Un hasard au palais le conduit un jeudi *;
Lorsqu'il entend de loin, d'une gueule infernale,
La chicane en fureur mugir dans la grand'salle?

* C'est le jour des grandes audiences.

Que dit-il quand il voit les juges, les huissiers,
Les clercs, les procureurs, les sergens, les greffiers?
Oh! que si l'âne alors, à bon droit misanthrope,
Pouvait trouver la voix qu'il eut au temps d'Esope,
De tous côtés, docteur, voyant les hommes fous,
Qu'il dirait de bon cœur, sans en être jaloux,
Content de ses chardons, et secouant la tête:
Ma foi, non plus que nous, l'homme n'est qu'une bête!

SATIRE IX.

Cette satire est entièrement dans le goût d'Horace. M. Despréaux, sous prétexte de censurer ses propres défauts, y tourne adroitement en ridicule une foule d'auteurs qui s'étaient servis des expressions les plus grossières, en critiquant la liberté qu'il s'était donnée de nommer dans ses premières satires des auteurs encore vivans. Il la composa en 1667; mais il ne la fit imprimer que l'année suivante.

C'est à vous, mon esprit, à qui je veux parler.
Vous avez des défauts que je ne puis céler :
Assez et trop long-temps ma lâche complaisance
De vos jeux criminels a nourri l'insolence ;
Mais, puisque vous poussez ma patience à bout,
Une fois en ma vie il faut vous dire tout.
On croirait, à vous voir dans vos libres caprices
Discourir en Caton des vertus et des vices,
Décider du mérite et du prix des auteurs,
Et faire impunément la leçon aux docteurs;
Qu'étant seul à couvert des traits de la satire,
Vous avez tout pouvoir de parler et d'écrire.
Mais moi, qui dans le fond sais bien ce que j'en crois,
Qui compte tous les jours vos défauts par mes doigts,
Je ris quand je vous vois, si faible et si stérile,
Prendre sur vous le soin de réformer la ville,
Dans vos discours chagrins plus aigre et plus mordant
Qu'une femme en furie, ou Gautier * en plaidant.
Mais répondez un peu. Quelle verve indiscrète
Sans l'aveu des neuf sœurs vous a rendu poète?

* Avocat célèbre et très-mordant.

Sentiez-vous, dites-moi, ces violens transports
Qui d'un esprit divin font mouvoir les ressorts?
Qui vous a pu souffler une si folle audace?
Phébus a-t-il pour vous aplani le Parnasse?
Et ne savez-vous pas que sur ce mont sacré,
Qui ne vole au sommet tombe au plus bas degré;
Et qu'à moins d'être au rang d'Horace ou de Voiture,
On rampe dans la fange avec l'abbé de Pure?
Que si tous mes efforts ne peuvent réprimer
Cet ascendant malin qui vous force à rimer,
Sans perdre en vains discours tout le fruit de vos veilles,
Osez chanter du roi les augustes merveilles:
Là, mettant à profit vos caprices divers,
Vous verriez tous les ans fructifier vos vers;
Et par l'espoir du gain votre muse animée
Vendrait au poids de l'or une once de fumée.
Mais en vain, direz-vous, je pense vous tenter
Par l'éclat d'un fardeau trop pesant à porter;
Tout chantre ne peut pas, sur le ton d'un Orphée,
Entonner en grands vers la Discorde étouffée;
Peindre Bellone en feu tonnant de toutes parts,
Et le Belge effrayé fuyant sur ses remparts *.
Sur un ton si hardi, sans être téméraire,
Racan pourrait chanter au défaut d'un Homère;
Mais pour Cotin et moi, qui rimons au hasard,
Que l'amour de blâmer fit poètes par art,
Quoiqu'un tas de grimauds vante notre éloquence,
Le plus sûr est pour nous de garder le silence.

---

* Cette satire a été faite dans le temps que le roi prit Lille en Flandre et plusieurs autres villes.

Un poëme insipide et sottement flatteur
Déshonore à-la-fois le héros et l'auteur :
Enfin de tels projets passent notre faiblesse.

Ainsi parle un esprit languissant de mollesse,
Qui, sous l'humble dehors d'un respect affecté,
Cache le noir venin de sa malignité.
Mais, dussiez-vous en l'air voir vos ailes fondues,
Ne valait-il pas mieux vous perdre dans les nues,
Que d'aller sans raison, d'un style peu chrétien,
Faire insulte en rimant à qui ne vous dit rien,
Et du bruit dangereux d'un livre téméraire
À vos propres périls enrichir le libraire?

Vous vous flattez peut-être, en votre vanité,
D'aller comme un Horace à l'immortalité :
Et déjà vous croyez dans vos rimes obscures
Aux Saumaises * futurs préparer des tortures.
Mais combien d'écrivains, d'abord si bien reçus,
Sont de ce fol espoir honteusement déçus !
Combien, pour quelques mois, ont vu fleurir leur livre,
Dont les vers en paquet se vendent à livre!
Vous pourrez voir, un temps, vos écrits estimés
Courir de main en main par la ville semés ;
Puis de là tout poudreux, ignorés sur la terre,
Suivre chez l'épicier Neuf-Germain ** et la Serre *** ;
Ou, de trente feuillets réduits peut-être à neuf,
Parer, demi rongés, les rebords du Pont-Neuf ****.

* Saumaise, célèbre commentateur.

** Poëte extravagant.

*** Auteur peu estimé.

**** Où l'on vend d'ordinaire des livres de rebut.

Le bel honneur pour vous, en voyant vos ouvrages
Occuper le loisir des laquais et des pages :
Et souvent dans un coin renvoyés à l'écart,
Servir de second tome aux airs du Savoyard *!

Mais je veux que le sort, par un heureux caprice,
Fasse de vos écrits prospérer la malice,
Et qu'enfin votre livre aille, au gré de vos vœux,
Faire siffler Cotin chez nos derniers neveux :
Que vous sert-il qu'un jour l'avenir vous estime,
Si vos vers aujourd'hui vous tiennent lieu de crime,
Et ne produisent rien, pour fruit de leurs bons mots,
Que l'effroi du public et la haine des sots ?
Quel démon vous irrite, et vous porte à médire?
Un livre vous déplaît, qui vous force à le lire?
Laissez mourir un fat dans son obscurité ;
Un auteur ne peut-il pourrir en sûreté ?
Le Jonas inconnu sèche dans la poussière :
Le David imprimé n'a point vu la lumière ;
Le Moïse ** commence à moisir par les bords.
Quel mal cela fait-il? Ceux qui sont morts sont morts ;
Le tombeau contre vous ne peut-il les défendre?
Et qu'ont fait tant d'auteurs, pour remuer leur cendre?
Que vous ont fait Perrin, Bardin, Pradon, Hainaut,
Colletet, Pelletier, Titreville, Quinaut,
Dont les noms en cent lieux, placés comme en leurs niches,
Vont de vos vers malins remplir les hémistiches?

---

* Fameux chantre du Pont-Neuf, dont on vante encore les chansons.

** Ces trois poëmes avaient été faits, le Jonas par Coras, le David par Las-Fargues, et le Moïse par Saint-Amand.

Ce qu'ils font vous ennuie. O le plaisant détour!
Ils ont bien ennuyé le roi, toute la cour,
Sans que le moindre édit ait, pour punir leur crime,
Retranché les auteurs ou supprimé la rime.
Ecrive qui voudra : chacun à ce métier
Peut perdre impunément de l'encre et du papier.
Un roman, sans blesser les lois ni la coutume,
Peut conduire un héros au dixième volume *.
De là vient que Paris voit chez lui de tout temps
Les auteurs à grands flots déborder tous les ans;
Et n'a point de portail où, jusques aux corniches,
Tous les piliers ne soient enveloppés d'affiches.
Vous seul, plus dégoûté, sans pouvoir et sans nom,
Viendrez régler les droits et l'état d'Apollon!
Mais vous, qui raffinez sur les écrits des autres,
De quel œil pensez-vous qu'on regarde les vôtres?
Il n'est rien en ce temps à couvert de vos coups;
Mais savez-vous aussi comme on parle de vous?
Gardez-vous, dira l'un, de cet esprit critique;
On ne sait bien souvent quelle mouche le pique.
Mais c'est un jeune fou qui se croit tout permis,
Et qui pour un bon mot va perdre vingt amis.
Il ne pardonne pas aux vers de la Pucelle,
Et croit régler le monde au gré de sa cervelle.
Jamais dans le barreau trouva-t-il rien de bon?
Peut-on si bien prêcher qu'il ne dorme au sermon?
Mais lui, qui fait ici le régent du Parnasse,
N'est qu'un gueux revêtu des dépouilles d'Horace **.

---

* Les romans de Cyrus, de Clélie et de Pharamond, sont chacun de dix volumes.

* Saint-Pavin reprochait à l'auteur qu'il n'était riche que des dépouilles d'Horace, de Juvénal et de Régnier.

Avant lui Juvénal avoit dit en latin
Qu'on est assis à l'aise aux sermons de Cotin.
L'un et l'autre avant lui s'étoient plaints de la rime,
Et c'est aussi sur eux qu'il rejette son crime;
Il cherche à se couvrir de ces noms glorieux.
J'ai peu lu ces auteurs : mais tout n'irait que mieux
Quand de ces médisans l'engeance toute entière
Irait la tête en bas rimer dans le rivière.

Voilà comme on vous traite : et le monde effrayé
Vous regarde déjà comme un homme noyé.
En vain quelque rieur, prenant votre défense,
Veut faire au moins, de grâce, adoucir la sentence;
Rien n'appaise un lecteur toujours tremblant d'effroi,
Qui voit peindre en autrui ce qu'il remarque en soi.

Vous ferez-vous toujours des affaires nouvelles?
Et faudra-t-il sans cesse essuyer des querelles?
N'entendrai-je qu'auteurs se plaindre et murmurer?
Jusqu'à quand vos fureurs doivent-elles durer?
Répondez, mon esprit; ce n'est plus que raillerie :
Dites.... Mais, direz-vous, pourquoi cette furie?
Quoi! pour un maigre auteur que je glose en passant,
Est-ce un crime, après tout, et si noir et si grand?
Et qui, voyant un fat s'applaudir d'un ouvrage
Où la droite raison trébuche à chaque page,
Ne s'écrie aussitôt : L'impertinent auteur!
L'ennuyeux écrivain! Le maudit traducteur!
A quoi bon mettre au jour tous ces discours frivoles,
Et ces riens enfermés dans de grandes paroles?

Est-ce donc là médire, ou parler franchement?
Non, non, la médisance y va plus doucement.
Si l'on vient à chercher pour quel secret mystère
Alidor à ses frais bâtit un monastère :

Alidor! dit un fourbe, il est de mes amis;
Je l'ai connu laquais avant qu'il fût commis :
C'est un homme d'honneur, de piété profonde,
Et qui veut rendre à Dieu ce qu'il a pris au monde.

Voilà jouer d'adresse et médire avec art,
Et c'est avec respect enfoncer le poignard.
Un esprit né sans fard, sans basse complaisance,
Fuit ce ton radouci que prend la médisance.
Mais de blâmer des vers ou durs ou languissans,
De choquer un auteur qui choque le bons sens,
De railler un plaisant qui ne sait pas nous plaire,
C'est ce que tout lecteur eut toujours droit de faire.

Tous les jours à la cour un sot de qualité
Peut juger de travers avec impunité;
A Malherbe, à Racan, préférer Théophile,
Et le clinquant du Tasse à tout l'or de Virgile *.

Un clerc, pour quinze sous, sans craindre le hola,
Peut aller au parterre attaquer Attila :
Et, si le roi des Huns ne lui charme l'oreille,
Traiter de Visigoths tous les vers de Corneille.

Il n'est valet d'auteur, ni copiste, à Paris,
Qui, la balance en main, ne pèse les écrits.
Dès que l'impression fait éclore un poëte,
Il est esclave né de quiconque l'achète :
Il se soumet lui-même aux caprices d'autrui,
Et ses écrits tous seuls doivent parler pour lui.
Un auteur à genoux, dans une humble préface,
Au lecteur qu'il ennuie a beau demander grace;

---

* Un homme de qualité fit un jour ce beau jugement en ma présence.

Il ne gagnera rien sur ce juge irrité
Qui lui fait son procès de pleine autorité.
Et je serai le seul qui ne pourrai rien dire!
On sera ridicule, et je n'oserai rire!
Et qu'ont produit mes vers de si pernicieux,
Pour armer contre moi tant d'auteurs furieux?
Loin de les décrier, je les ai fait paraître:
Et souvent, sans ces vers qui les ont fait connaître,
Leur talent dans l'oubli demeurerait caché;
Et qui saurait sans moi que Cotin a prêché?
La satire ne sert qu'à rendre un fat illustre:
C'est une ombre au tableau, qui lui donne du lustre.
En les blâmant enfin j'ai dit ce que j'en croi;
Et tel qui m'en reprend en pense autant que moi.
Il a tort, dira l'un, pourquoi faut-il qu'il nomme?
Attaquer Chapelain! ah! c'est un si bon homme!
Balzac en fait l'éloge en cent endroits divers.
Il est vrai, s'il m'eût cru, qu'il n'eût point fait de vers.
Il se tue à rimer: que n'écrit-il en prose?
Voilà ce que l'on dit. Et que dis-je autre chose?
En blâmant ses écrits, ai-je, d'un style affreux,
Distillé sur sa vie un venin dangereux?
Ma muse en l'attaquant, charitable et discrète,
Sait de l'homme d'honneur distinguer le poète.
Qu'on vante en lui la foi, l'honneur, la probité;
Qu'on prise sa candeur et sa civilité;
Qu'il soit doux, complaisant, officieux, sincère:
On le veut, j'y souscris, et suis prêt à me taire.
Mais que pour un modèle on montre ses écrits,
Qu'il soit le mieux renté * de tous les beaux-esprits,

---

* Chapelain avoit de divers endroits huit mille livres de pension.

Comme roi des auteurs qu'on l'élève à l'empire,
Ma bile alors s'échauffe, et je brûle d'écrire ;
Et s'il ne m'est permis de le dire au papier,
J'irai creuser la terre, et, comme ce barbier,
Faire dire aux roseaux, par un nouvel organe :
Midas, le roi Midas a des oreilles d'âne.
Quel tort lui fais-je enfin? Ai-je, par un écrit,
Pétrifié sa veine et glacé son esprit ?
Quand un livre au palais se vend et se débite,
Que chacun par ses yeux juge de son mérite,
Que Bilaine* l'étale au deuxième pilier,
Le dégoût d'un censeur peut-il le décrier?
En vain contre le Cid un ministre se ligue**,
Tout Paris pour Chimène a les yeux de Rodrigue.
L'Académie en corps a beau le censurer,
Le public révolté s'obstine à l'admirer.
Mais lorsque Chapelain met une œuvre en lumière,
Chaque lecteur d'abord lui devient un Linière*** ;
En vain il a reçu l'encens de mille auteurs,
Son livre en paraissant dément tous ses flatteurs.
Ainsi sans m'accuser, quand tout Paris le joue,
Qu'il s'en prenne à ses vers que Phébus désavoue,
Qu'il s'en prenne à sa muse allemande en françois.
Mais laissons Chapelain pour la dernière fois.

La satire, dit-on, est un métier funeste
Qui plaît à quelques gens et choque tout le reste.
La suite en est à craindre. En ce hardi métier
La peur plus d'une fois fit repentir Régnier.

---

* Libraire du palais.

** Voyez l'*Histoire de l'Académie*, par Pellison.

*** Auteur qui a écrit contre Chapelain.

Quittez ces vains plaisirs dont l'appât vous abuse;
A de plus doux emplois occupez votre muse,
Et laissez à Feuillet* réformer l'univers.
 Et sur quoi donc faut-il que s'exercent mes vers?
Irai-je dans une ode, en phrases de Malherbe,
Troubler dans ses roseaux le Danube superbe,
Délivrer de Sion le peuple gémissant,
Faire trembler Memphis ou pâlir le croissant;
Et, passant du Jourdain les ondes alarmées,
Cueillir mal-à-propos les palmes idumées?
Viendrai-je, en une églogue, entouré de troupeaux,
Au Milieu de Paris enfler mes chalumeaux,
Et, dans mon cabinet assis au pied des hêtres,
Faire dire aux échos des sottises champêtres?
Faudra-t-il de sang-froid, et sans être amoureux,
Pour quelque Iris en l'air faire le langoureux;
Lui prodiguer les noms de soleil et d'aurore,
Et toujours bien meangeant mourir par métaphore!
Je laisse aux doucereux ce langage affété
Où s'endort un esprit de mollesse hébêté.
 La satire, en leçons, en nouveautés fertile,
Sait seul assaisonner le plaisant et l'utile,
Et d'un vers qu'elle épure aux rayons du bon sens,
Détromper les esprits des erreurs de leurs temps.
Elle seule bravant l'orgueil et l'injustice,
Va jusque sous le dais faire pâlir le vice:
Et souvent sans rien craindre, à l'aide d'un bon mot,
Va venger la raison des attentats d'un sot.
C'est ainsi que Lucile**, appuyé de Lélie***,
Fit justice en son temps des Cotins d'Italie;

---

* Fameux prédicateur fort outré dans ses prédications.

** Poète latin satirique.

*** Consul romain.

Et qu'Horace jetant le sel à pleines mains,
Se jouait aux dépens des Pelletiers romains.
C'est elle qui, m'ouvrant le chemin qu'il faut suivre,
M'inspira dès quinze ans la haine d'un sot livre;
Et sur ce mont fameux où j'osai la chercher,
Fortifia mes pas et m'apprit à marcher.
C'est pour elle, en un mot, que j'ai fait vœu d'écrire.
   Toutefois, s'il le faut, je veux bien m'en dédire,
Et, pour calmer enfin tous ces flots d'ennemis,
Réparer en mes vers les maux qu'ils ont commis.
Puisque vous le voulez, je vais changer de style.
Je le déclare donc, Quinault est un Virgile;
Pradon, comme un soleil, en nos ans a paru;
Pelletier écrit mieux qu'Ablancourt ni Patru;
Cotin, à ses sermons, traînant toute la terre,
Fend les flots d'auditeurs pour aller à sa chaire;
Sofal est le phénix des esprits relevés;
Perrin..... Bon, mon esprit! courage! poursuivez.
Mais ne voyez-vous pas que leur troupe en furie
Va prendre encor ces vers pour une raillerie?
Et Dieu sait aussitôt que d'auteurs en courroux,
Que de rimeurs blessés s'en vont fondre sur vous!
Vous les verrez bientôt, féconds en impostures,
Amasser contre vous des volumes d'injures,
Traiter en vos écrits chaque vers d'attentat,
Et d'un mot innocent faire un crime d'état*.
Vous aurez beau vanter le roi dans vos ouvrages,
Et de ce nom sacré sanctifier vos pages;

---

* Cotin, dans un de ses écrits, m'accusait d'être criminel de lèze-majesté divine et humaine.

Qui méprise Cotin n'estime pas son roi,
Et n'a, selon Cotin, ni Dieu, ni foi, ni loi.
Mais quoi! répondrez-vous, Cotin nous peut-il nuire?
Et par ces cris enfin que saurait-il produire?
Interdire à mes vers, dont peut-être il fait cas,
L'entrée aux pensions où je ne prétends pas?
Non, pour louer un roi que tout l'univers loue,
Ma langue n'attend point que l'argent la dénoue;
Et, sans espérer rien de mes faibles écrits,
L'honneur de le louer m'est un trop digne prix:
On me verra toujours, sage dans mes caprices,
De ce même pinceau dont j'ai noirci les vices,
Et peint du nom d'auteur tant de sots revêtus,
Lui marquer mon respect et tracer ses vertus.
Je vous crois: mais pourtant on crie, on vous menace.
Je crains peu, direz-vous, les brâves du Parnasse.
Hé! mon Dieu! craignez tout d'un auteur en courroux,
Qui peut... Quoi? Je m'entends. Mais encore? Taisez-vous.

SATIRE X.

L'auteur entreprend de peindre ici au naturel les défauts que l'on reproche le plus communément aux femmes. La délicatesse du pinceau est aussi remarquable que la variété des portraits. Le poète conduit son lecteur de l'un à l'autre par des transitions ménagées avec tout l'art possible; c'est ainsi qu'il caractérise successivement la Coquette, la Joueuse, l'Avare, la Bizarre, la Savante, la Précieuse, la Bourgeoise de qualité, la Fausse Dévote, la Pédante, la Plaideuse. Cette satire fut achevée en 1693, mais elle ne fut publiée que l'année suivante.

Enfin bornant le cours de tes galanteries,
Alcippe, il est donc vrai, dans peu tu te maries:
Sur l'argent, c'est tout dire, on est déjà d'accord;
Ton beau-père futur vide son coffre-fort;
Et déjà le notaire a, d'un style énergique,
Griffonné de ton joug l'instrument authentique *.
C'est bien fait. Il est temps de fixer tes désirs.
Ainsi que ses chagrins l'hymen a ses plaisirs:
Quelle joie, en effet, quelle douceur extrême,
De se voir caressé d'une épouse qu'on aime!
De s'entendre appeler petit cœur, ou, mon bon;
De voir autour de soi croître dans sa maison,
Sous les paisibles lois d'une agréable mère,
De petits citoyens dont on croit être père!
Quel charme, au moindre mal qui nous vient menacer,
De la voir aussitôt accourir, s'empresser,

* Instrument, en style de pratique, veut dire toutes sortes de contrats.

S'effrayer d'un péril qui n'a point d'apparence,
Et souvent de douleur se pâmer par avance!
Car tu ne seras point de ces jaloux affreux,
Habiles à se rendre inquiets, malheureux,
Qui, tandis qu'une épouse à leurs yeux se désole,
Pensent toujours qu'un autre en secret la console.
Mais quoi! je vois déjà que ce discours t'aigrit!
Charmé de Juvénal*, et plein de son esprit,
Venez-vous, diras-tu, dans une pièce outrée
Comme lui nous chanter que, dès le temps de Rhée,
La chasteté déjà, la rougeur sur le front,
Avait chez les humains reçu plus d'un affront;
Qu'on vit avec le fer naître les injustices,
L'impiété, l'orgueil, et tous les autres vices:
Mais que la bonne foi dans l'amour conjugal
N'alla point jusqu'au temps du troisième métal **?
Ces mots ont dans sa bouche une emphase admirable:
Mais je vous dirai, moi, sans alléguer la fable,
Que si sous Adam même, et loin avant Noé,
Le vice audacieux, des hommes avoué,
A la triste innocence en tous lieux fit la guerre,
Il demeura pourtant de l'honneur sur la terre;
Qu'au temps les plus féconds en Phrinés***, en Laïs****,
Plus d'une Pélénope honora son pays;
Et que, même aujourd'hui, sur ce fameux modèle,
On peut trouver encore quelque femme fidèle.

---

* Juvénal a fait une satire contre les femmes, qui est son plus bel ouvrage.

** Paroles du commencement de la satire de Juvénal.

*** Phriné, courtisane d'Athène.

**** Laïs, courtisane de Corinthe.

Sans doute ; et dans Paris, si je sais bien compter,
Il en est jusqu'à trois * que je pourrais citer.
Ton épouse dans peu sera la quatrième :
Je le veux croire ainsi. Mais, la chasteté même
Sous ce beau nom d'épouse entrât-elle chez toi,
De retour d'un voyage, en arrivant, crois-moi,
Fais toujours du logis avertir la maîtresse.
Tel partit tout baigné des pleurs de sa Lucrèce,
Qui, faute d'avoir pris ce soin judicieux,
Trouva... tu sais... Je sais que d'un conte odieux
Vous avez comme moi sali votre mémoire.
Mais laissons là, dis-tu, Joconde et son histoire :
Du projet d'un hymen déjà fort avancé,
Devant vous aujourd'hui criminel dénoncé,
Et mis sur la sellette aux pieds de la critique,
Je vois bien tout de bon qu'il faut que je m'explique.

Jeune autrefois par vous dans le monde conduit,
J'ai trop bien profité pour n'être pas instruit
A quels discours malins le mariage expose :
Je sais que c'est un texte où chacun fait sa glose ;
Que de maris trompés tout rit dans l'univers,
Epigrammes, chansons, rondeaux, fables en vers,
Satire, comédie ; et, sur cette matière,
J'ai vu tout ce qu'ont fait La Fontaine et Molière ;
J'ai vu tout ce qu'ont dit Villon et Saint-Gelais,
Arioste, Marot, Bocace, Rabelais,
Et tous ces vieux recueils de satires naïves **,
Des malices du sexe immortelles archives.

---

* Ceci est dit figurément.

** Les Contes de la reine de Navarre, etc.

Mais, tout bien balancé, j'ai pourtant reconnu
Que de ces contes vains le monde entretenu
N'en a pas de l'hymen moins vu fleurir l'usage;
Que sous ce joug moqué tout à la fin s'engage;
Qu'à ce commun filet les railleurs même pris
Ont été très-souvent de commodes maris;
Et que, pour être heureux sous ce joug salutaire,
Tout dépend en un mot du bon choix qu'on sait faire.
  Enfin, il faut ici parler de bonne foi,
Je vieillis, et ne puis regarder sans effroi
Ces neveux affamés dont l'importun visage
De mon bien à mes yeux fait déjà le partage.
Je crois déjà les voir, au moment annoncé
Qu'à la fin sans retour leur cher oncle est passé,
Sur quelques pleurs forcés qu'ils auront soin qu'on voie,
Se faire consoler du sujet de leur joie.
Je me fais un plaisir, à ne vous rien celer,
De pouvoir, moi vivant, dans peu les désoler,
Et, trompant un espoir pour eux si plein de charme,
Arracher de leurs yeux de véritables larmes.
Vous dirai-je encor plus? Soit faiblesse ou raison,
Je suis las de me voir le soir en ma maison
Seul avec des valets, souvent voleurs et traîtres,
Et toujours, à coup sûr, ennemis de leurs maîtres.
Je ne me couche point qu'aussitôt dans mon lit
Un souvenir fâcheux n'apporte à mon esprit
Ces histoires de morts lamentables, tragiques *,
Dont Paris tous les ans peut grossir ses chroniques.
Dépouillons-nous aussi d'une vaine fierté.
Nous naissons, nous vivons pour la société:

---

* Blandin et de Rosset ont composé ces histoires.

A nous-mêmes livrés dans une solitude,
Notre bonheur bientôt fait notre inquiétude;
Et, si durant un jour notre premier aïeul,
Plus riche d'une côte, avait vécu tout seul,
Je doute, en sa demeure alors si fortunée,
S'il n'eût point prié Dieu d'abréger la journée.
N'allons donc point ici réformer l'univers,
Ni, par de vains discours et de frivoles vers
Etalant au public notre misanthropie,
Censurer le lien le plus doux de la vie.
Laissons-là, croyez-moi, le monde tel qu'il est.
L'hyménée est un joug, et c'est ce qui m'en plaît:
L'homme en ses passions toujours errant sans guide
A besoin qu'on lui mette et le mords et la bride:
Son pouvoir malheureux ne sert qu'à le gêner;
Et pour le rendre libre il le faut enchaîner.
C'est ainsi que souvent la main de Dieu l'assiste.

Ha! bon! voilà parler en docte janséniste,
Alcippe; et, sur ce point si savamment touché,
Desmâres* dans Saint-Roch** n'aurait pas mieux prêché.
Mais c'est trop t'insulter; quittons la raillerie;
Parlons sans hyperbole et sans plaisanterie.
Tu viens de mettre ici l'hymen en son beau jour;
Entends donc, et permets que je prêche à mon tour.

L'épouse que tu prends, sans tache en sa conduite,
Aux vertus, m'a-t-on dit, dans Port-Royal instruite,
Aux lois de son devoir règle tous ses désirs.
Mais qui peut t'assurer qu'invincible aux plaisirs,

---

* Le P. Desmâres, célèbre prédicateur.

** Paroisse de Paris.

Chez toi, dans une vie ouverte à la licence,
Elle conservera sa première innocence?
Par toi même bientôt conduite à l'Opéra,
De quel air penses-tu que ta sainte verra
D'un spectacle enchanteur la pompe harmonieuse,
Ces danses, ces héros à voix luxurieuse;
Entendra ces discours sur l'amour seul roulans,
Ces doucereux Renauds, ces insensés Rolands;
Saura d'eux qu'à l'Amour, comme au seul dieu suprême,
On doit immoler tout, jusqu'à la vertu même;
Qu'on ne saurait trop tôt se laisser enflammer;
Qu'on n'a reçu du ciel un cœur que pour aimer *,
Et tous ces lieux communs de morale lubrique
Que Lulli réchauffa des sons de sa musique?
Mais de quels mouvemens, dans son cœur excités,
Sentira-t-elle alors tous ses sens agités!
Je ne te réponds pas qu'au retour moins timide,
Digne écolière enfin d'Angélique et d'Armide **,
Elle n'aille à l'instant, pleine de ces doux sons,
Avec quelque Médor pratiquer ces leçons.

Supposons toutefois qu'encor fidelle et pure,
Sa vertu de ce choc revienne sans blessure:
Bientôt dans ce grand monde où tu vas l'entraîner,
Au milieu des écueils qui vont l'environner,
Crois-tu que, toujours ferme aux bords du précipice,
Elle pourra marcher sans que le pied lui glisse;
Que, toujours insensible aux discours enchanteurs
D'un idolâtre amas de jeunes séducteurs,

---

* Maximes fort ordinaires dans les opéras de Quinault.

** Voyez les opéras de Quinault intitulés Roland et Armide.

Sa sagesse jamais ne deviendra folie?
D'abord tu la verras, ainsi que dans Clélie,
Recevant ses amans sous le doux nom d'amis,
S'en tenir avec eux aux petits soins permis;
Puis bientôt en grande eau sur le fleuve de Tendre *
Naviguer à souhait, tout dire et tout entendre.
Et ne présume pas que Vénus, ou Satan,
Souffre qu'elle en demeure aux termes du roman:
Dans le crime il suffit qu'une fois on débute;
Une chute toujours attire une autre chute.
L'honneur est comme une île escarpée et sans bords,
On n'y peut plus rentrer dès qu'on en est dehors.
Peut-être avant deux ans, ardente à te déplaire,
Eprise d'un cadet, ivre d'un mousquetaire,
Nous la verrons hanter les plus honteux brelans,
Donner chez la Cornu ** rendez-vous aux galans;
De Phèdre dédaignant la pudeur enfantine,
Suivre à front découvert Z....et Messaline;
Compter pour grands exploits vingt hommes ruinés,
Blessés, battus pour elle, et quatre assassinés:
Trop heureux si, toujours femme désordonnée,
Sans mesure et sans règle au vice abandonnée,
Par cent traits d'imprudence aisés à ramasser
Elle t'acquiert au moins un droit pour la chasser!

Mais que deviendras-tu, si, folle en son caprice,
N'aimant que le scandale et l'éclat dans le vice,
Bien moins pour son plaisir que pour t'inquiéter,
Au fond peu vicieuse, elle aime à coquetter?

---

* Roman de Clélie, et autres romans du même auteur.

** Une infâme dont le nom étoit alors connu de tout le monde.

Entre nous, verras-tu d'un esprit bien tranquille
Chez ta femme aborder et la cour et la ville?
Hormis toi, tout chez toi rencontre un doux accueil:
L'un est payé d'un mot, et l'autre d'un coup d'œil.
Ce n'est que pour toi seul qu'elle est fière et chagrine:
Aux autres elle est douce, agréable et badine;
C'est pour eux qu'elle étale et l'or et le brocard,
Que chez toi se prodigue et le rouge et le fard,
Et qu'une main savante, avec tant d'artifice,
Bâtit de ses cheveux le galant édifice.
Dans sa chambre, crois-moi, n'entre point tout le jour.
Si tu veux posséder ta Lucrèce à ton tour,
Attends, discret mari, que la belle en cornette
Le soir ait étalé son teint sur la toilette;
Et dans quatre mouchoirs, de sa beauté salis,
Envoie au blanchisseur ses roses et ses lis.
Alors tu peux entrer: mais sage en sa présence,
Ne va pas murmurer de sa folle dépense.
D'abord, l'argent en main, paie et vîte et comptant.
Mais non, fais mine un peu d'en être mécontent,
Pour la voir aussitôt, de douleur oppressée,
Déplorer sa vertu si mal récompensée.
Un mari ne veut pas fournir à ses besoins!
Jamais femme, après tout, a-t-elle coûté moins?
A cinq cents louis d'or, tout au plus, chaque année,
Sa dépense en habits n'est-elle pas bornée?
Que répondre? Je vois qu'à de si justes cris
Toi-même convaincu déjà tu t'attendris,
Tout prêt à la laisser, pourvu qu'elle s'appaise,
Dans ton coffre à pleins sacs puiser tout à son aise.

A quoi bon, en effet, t'alarmer de si peu?
Hé! que serait-ce donc si, le démon du jeu

Versant dans son esprit sa ruineuse rage,
Tous les jours mis par elle à deux doigts du naufrage,
Tu voyais tous tes biens, au sort abandonnés,
Devenir le butin d'un pique * ou d'un sonnet ** !
Le doux charme pour toi de voir, chaque journée,
De nobles champions ta femme environnée,
Sur une table longue et façonnée exprès,
D'un tournoi de bassette ordonner les apprêts !
Ou, si par un arrêt la grossière police
D'un jeu si nécessaire interdit l'exercice,
Ouvrir sur cette table un champ au lansquenet,
Ou promener trois dés chassés de son cornet;
Puis sur une autre table, avec un air plus sombre,
S'en aller méditer une vole au jeu d'hombre;
S'écrier sur un as mal à propos jeté;
Se plaindre d'un gâno ** qu'on n'a point écouté!
Ou, querellant tout bas le ciel qu'elle regarde,
A la bête gémir d'un roi venu sans garde!
Chez elle, en ces emplois, l'aube du lendemain
Souvent la trouve encore les cartes à la main:
Alors, pour se coucher, les quittant, non sans peine,
Elle plaint le malheur de la nature humaine,
Qui veut qu'en un sommeil où tout s'ensevelit
Tant d'heures sans jouer se consument au lit.
Toutefois en partant la troupe la console,
Et d'un prochain retour chacun donne parole.
C'est ainsi qu'une femme en doux amusemens
Sait du temps qui s'envole employer les momens;

---

* Terme du jeu de piquet.

** Terme du jeu de trictrac.

*** Terme du jeu d'hombre.

C'est ainsi que souvent par une forcenée
Une triste famille à l'hôpital traînée
Voit ses biens en décret sur tous les murs écrits
De sa déroute illustre effrayer tout Paris.
Mais que plutôt son jeu mille fois te ruine,
Que si la famélique et honteuse lésine
Venant mal à propos la saisir au collet,
Elle te réduisait à vivre sans valet,
Comme ce magistrat * de hideuse mémoire
Dont je veux bien ici te crayonner l'histoire.
Dans la robe on vantait son illustre maison;
Il était plein d'esprit, de sens et de raison;
Seulement pour l'argent un peu trop de faiblesse,
De ces vertus en lui ravalait la noblesse.
Sa table toutefois, sans superfluité,
N'avait rien que d'honnête en sa frugalité.
Chez lui deux bons chevaux de pareille encolure,
Trouvaient dans l'écurie une pleine pâture;
Et, du foin que leur bouche au ratelier laissait,
De surcroît une mule encor se nourrissait.
Mais cette soif de l'or qui le brûlait dans l'ame
Le fit enfin songer à choisir une femme;
Et l'honneur dans ce choix ne fut point regardé.
Vers son triste penchant son naturel guidé
Le fit, dans une avare et sordide famille,
Chercher un monstre affreux sous l'habit d'une fille;
Et, sans trop s'enquérir d'où la laide venait,
Il sut, ce fut assez, l'argent qu'on lui donnait.
Rien ne le rebuta, ni sa vue éraillée,
Ni sa masse de chair bizarrement taillée;

* Le lieutenant criminel Tardieu.

Et trois cent mille francs avec elle obtenus,
La firent à ses yeux plus belle que Vénus.
Il l'épouse; et bientôt son hôtesse nouvelle
Le prêchant lui fit voir qu'il était au prix d'elle,
Un vrai dissipateur, un parfait débauché.
Se confessa prodigue, et, plein de repentance,
Lui-même le sentit, reconnut son péché,
Offrit sur ses avis de régler sa dépense.
Aussitôt de chez eux tout rôti disparut;
Le pain bis, renfermé, d'une moitié décrut;
Les deux chevaux, la mule, au marché s'envolèrent.
Deux grands laquais, à jeûn, sur le soir s'en allèrent:
De ces coquins déjà l'on se trouvait lassé,
Et pour n'en plus revoir le reste fut chassé:
Deux servantes déjà, largement souffletées,
Avaient à coups de pied descendu les montées,
Et se voyant enfin hors de ce triste lieu,
Dans la rue en avaient rendu grâces à Dieu.
Un vieux valet restait, seul chéri de son maître,
Que toujours il servit, et qu'il avait vu naître,
Et qui de quelque somme amassée au bon temps,
Vivait encor chez eux partie à ses dépens.
Sa vue embarassait; il fallut s'en défaire;
Il fut de la maison chassé comme un corsaire.
Voilà nos deux époux sans valets, sans enfans,
Tout seuls dans leur logis libres et triomphans.
Alors on ne mit plus de borne à la lésine:
On condamna la cave, on ferma la cuisine;
Pour ne point s'en servir aux plus rigoureux mois,
Dans le fond d'un grenier on séquestra le bois.
L'un et l'autre dès-lors vécut à l'aventure
Des présens qu'à l'abri de la magistrature

Le mari quelquefois des plaideurs extorquait,
Ou de ce que la femme aux voisins escroquait.
Mais, pour bien mettre ici leur crasse en tout son lustre,
Il faut voir du logis sortir ce couple illustre ;
Il faut voir le mari tout poudreux, tout souillé,
Couvert d'un vieux chapeau de cordon dépouillé ;
Et de sa robe, en vain de pièces rajeunie,
A pied dans les ruisseaux traînant l'ignominie.
Mais qui pourrait compter le nombre de haillons,
De pièces, de lambeaux, de sales guenillons,
De chiffons ramassés dans la plus noire ordure,
Dont la femme aux bons jours composait sa parure ?
Décrirai-je ses bas en trente endroits percés,
Ses souliers grimaçans vingt fois rapetassés,
Ses coiffes d'où pendait au bout d'une ficelle
Un vieux masque pelé * presque aussi hideux qu'elle ?
Peindrai-je son jupon bigarré de latin,
Qu'ensemble composaient trois thèses de satin ;
Présent qu'en un procès sur certain privilége
Firent à son mari les régens d'un collége ;
Et qui sur cette jupe à maint rieur encor
Derrière elle faisait dire ARGUMENTABOR ?
Mais peut-être j'invente une fable frivole.
Démens donc tout Paris, qui, prenant la parole,
Sur ce sujet encor de bons témoins pourvu,
Tout prêt à le prouver, te dira : Je l'ai vu ;
Vingt ans j'ai vu ce couple, uni du même vice,
A tous mes habitans montrer que l'avarice
Peut faire dans les biens trouver la pauvreté,
Et nous réduire à pis que la mendicité.

---

* La plupart des femmes portaient alors un masque de velours noir lorsqu'elles sortaient.

Des voleurs, qui chez eux pleins d'espérance entrèrent,
De cette triste vie enfin les délivrèrent :
Digne et funeste fruit du nœud le plus affreux
Dont l'hymen ait jamais uni deux malheureux !
Ce récit passe un peu l'ordinaire mesure :
Mais un exemple enfin si digne de censure
Peut-il dans la satire occuper moins de mots?
Chacun sait son métier. Suivons notre propos.
Nouveau prédicateur aujourd'hui, je l'avoue,
Ecolier ou plutôt singe de Bourdaloue * ,
Je me plais à remplir mes sermons de portraits.
En voilà déjà trois peints d'assez heureux traits :
La femme sans honneur, la coquette et l'avare.
Il faut y joindre encor la revêche bizarre,
Qui sans cesse, d'un ton par la colère aigri,
Gronde, choque, dément, contredit un mari.
Il n'est point de repos ni de paix avec elle.
Son mariage n'est qu'une longue querelle.
Laisse-t-elle un moment respirer son époux,
Ses valets sont d'abord l'objet de son courroux ;
Et sur le ton grondeur lorsqu'elle les harangue,
Il faut voir de quels mots elle enrichit la langue :
Ma plume ici, traçant ces mots par alphabet,
Pourrait d'un nouveau tome augmenter Richelet **.
Tu crains peu d'essuyer cette étrange furie ;
En trop bon lieu, dis-tu, ton épouse nourrie
Jamais de tels discours ne te rendra martyr.
Mais, eût-elle sucé la raison dans Saint-Cyr *** ,

---

* Célèbre jésuite.

** Auteur qui a donné un dictionnaire français.

*** Célèbre maison près de Versailles, où on élève un grand nombre de jeunes demoiselles.

Crois-tu que d'une fille humble, honnête, charmante,
L'hymen n'ait jamais fait de femme extravagante?
Combien n'a t-on point vu de belles aux doux yeux,
Avant le mariage anges si gracieux,
Tout-à-coup se changeant en bourgeoises sauvages,
Vrais démons, apporter l'enfer dans leurs ménages,
Et découvrant l'orgueil de leurs rudes esprits,
Sous leur fontange * altière asservir leurs maris!
Et puis, quelque douceur dont brille ton épouse,
Penses-tu, si jamais elle devient jalouse,
Que son ame livrée à ses tristes soupçons,
De la raison encore écoute les leçons?
Alors, Alcippe, alors, tu verras de ses œuvres:
Résous-toi, pauvre époux, à vivre de couleuvres;
A la voir tous les jours, dans ses fougueux accès,
A ton geste, à ton rire, intenter un procès;
Souvent, de ta maison gardant les avenues,
Les cheveux hérissés, t'attendre au coin des rues;
Te trouver en des lieux de vingt portes fermés,
Et, par-tout où tu vas, dans ses yeux enflammés,
T'offrir, non pas d'Isis la tranquille Euménide **,
Mais la vraie Alecto *** peinte dans l'Enéide,
Un tison à la main, chez le roi Latinus,
Soufflant sa rage au sein d'Amate et de Turnus.
Mais quoi! je chausse ici le cothurne tragique.
Reprenons au plutôt le brodequin comique,

---

* C'est un nœud de ruban que les femmes mettent sur le devant de la tête pour attacher leur coiffure.

** Furie dans l'opéra d'Isis, qui demeure presque toujours à ne rien faire.

*** Une des Furies. Voyez l'Enéide, livre VII.

Et d'objets moins affreux songeons à te parler.
Dis-moi donc, laissant cette folle hurler,
T'accommodes-tu mieux de ces douces Ménades *
Qui, dans leurs vains chagrins, sans mal toujours malades,
Se font des mois entiers, sur un lit effronté,
Traiter d'une visible et parfaite santé :
Et douze fois par jour, dans leur molle indolence,
Aux yeux de leurs maris tombent en défaillance?
Quel sujet, dira l'un, peut donc si fréquemment
Mettre ainsi cette belle aux bords du monument?
La Parque ravissant ou son fils ou sa fille,
A-t-elle moissonné l'espoir de sa famille?
Non : il est question de réduire un mari
A chasser un valet dans la maison chéri,
Et qui, parce qu'il plaît, a trop su lui déplaire;
Ou de rompre un voyage utile et nécessaire,
Mais qui la priverait huit jours de ses plaisirs,
Et qui, loin d'un galant, objet de ses désirs...
Oh! que pour la punir de cette comédie
Ne lui vois-je une vraie et triste maladie!
Mais ne nous fâchons point. Peut-être avant deux jours,
Courtois et Denyau **, mandés à son secours,
Digne ouvrage de l'art, dont Hippocrate traite,
Lui sauront bien ôter cette santé d'athlète;
Pour consumer l'humeur qui fait son embonpoint,
Lui donner sagement le mal qu'elle n'a point,
Et, fuyant de Fagon *** les maximes énormes,
Au tombeau mérité la mettre dans les formes.

* Bacchantes.

** Médecin de Paris.

*** Premier médecin du roi.

Dieu veuille avoir son ame, et nous délivre d'eux!
Pour moi, grand ennemi de leur art hasardeux,
Je ne puis cette fois que je ne les excuse.
Mais à quels vains discours est-ce que je m'amuse?
Il faut sur des sujets plus grands, plus curieux,
Attacher de ce pas ton esprit et tes yeux.
Qui s'offrira d'abord? Bon, c'est cette savante
Qu'estime Roberval et que Sauveur * fréquente.
D'où vient qu'elle a l'œil trouble et le teint si terni?
C'est que sur le calcul, dit-on, de Cassini **,
Un astrolabe en main, elle a dans sa gouttière
A suivre Jupiter *** passé la nuit entière.
Gardons de la troubler. Sa science, je croi,
Aura pour s'occuper ce jour plus d'un emploi:
D'un nouveau microscope on doit, en sa présence,
Tantôt chez Dalancé **** faire l'expérience,
Puis d'une femme morte avec son embryon
Il faut chez du Verney ***** voir la dissection.
Rien n'échappe aux regards de notre curieuse.
Mais qui vient sur ses pas? c'est une précieuse,
Reste de ces esprits jadis si renommés,
Que d'un coup de son art Molière a diffamés ******.
De tous leurs sentimens cette noble héritière
Maintient encore ici leur secte façonnière.

---

* Illustres mathématiciens.

** Fameux astronome.

*** Une des sept planètes.

**** Chez qui on faisait beaucoup d'expériences de physique.

***** Médecin du roi, connu pour être très-savant dans l'anatomie.

****** Voyez la comédie des Précieuses.

C'est chez elle toujours que les fades auteurs
S'en vont se consoler du mépris des lecteurs.
Elle y reçoit leur plainte ; et sa docte demeure
Aux Perrins, aux Coras, est ouverte à toute heure.
Là, du faux bel-esprit se tiennent les bureaux :
Là, tous les vers sont bons pourvu qu'ils soient nouveaux.
Au mauvais goût public la belle y fait la guerre ;
Plaint Pradon opprimé des sifflets du parterre ;
Rit des vains amateurs du grec et du latin ;
Dans la balance met Aristote et Cotin ;
Puis, d'une main encor plus fine et plus habile,
Pèse sans passion Chapelain et Virgile ;
Remarque en ce dernier beaucoup de pauvretés,
Mais pourtant confessant qu'il a quelques beautés ;
Ne trouve en Chapelain, quoi qu'ait dit la satire,
Autre défaut, sinon qu'on ne le saurait lire ;
Et, pour faire goûter son livre à l'univers,
Croit qu'il faudrait en prose y mettre tous les vers.
A quoi bon m'étaler cette bizarre école
Du mauvais sens, dis-tu, prêché par une folle ?
De livres et d'écrits bourgeois admirateur,
Vais-je épouser ici quelque apprentive auteur ?
Savez-vous que l'épouse avec qui je me lie
Compte entre ses parens des princes d'Italie ;
Sort d'aïeux dont les noms..... Je t'entends, et je voi
D'où vient que tu t'es fait secrétaire du roi :
Il fallait de ce titre appuyer ta naissance.
Cependant (t'avoûrai-je ici mon insolence ?)
Si quelque objet pareil chez moi, deçà les monts,
Pour m'épouser entrait avec tous ces grands noms,
Le sourcil rehaussé d'orgueilleuses chimères,
Je lui dirais bientôt : Je connais tous vos pères ;

Je sais qu'ils ont brillé dans ce fameux combat *
Où sous l'un des Valois Enghien sauva l'Etat.
D'Hozier n'en convient pas; mais quoi qu'il en puisse être,
Je ne suis point si sot que d'épouser mon maître.
Ainsi donc, au plus tôt délogeant de ces lieux,
Allez, princesse, allez, avec tous vos aïeux,
Sur le pompeux débris des lances espagnoles,
Coucher si vous voulez aux champs de Cerisoles;
Ma maison ni mon lit ne sont point faits pour vous.
J'admire, poursuis-tu, votre noble courroux.
Souvenez-vous pourtant que ma famille illustre
De l'assistance au sceau ne tire point son lustre;
Et que, né dans Paris de magistrats connus,
Je ne suis point ici de ces nouveaux venus,
De ces nobles sans nom, que, par plus d'une voie,
La province souvent en guêtres nous envoie.
Mais eussé-je comme eux des meuniers pour parens,
Mon épouse vînt-elle encore d'aïeux plus grands,
On ne la verrait point, vantant son origine,
A son triste mari reprocher la farine.
Son cœur toujours nourri dans la dévotion,
De trop bonne heure apprit l'humiliation:
Et pour vous détromper de la pensée étrange
Que l'hymen aujourd'hui la corrompe et la change,
Sachez qu'en notre accord elle a, pour premier point,
Exigé qu'un époux ne la contraindrait point
A traîner après elle un pompeux équipage,
Ni sur-tout de souffrir, par un profane usage,
Qu'à l'église jamais devant le Dieu jaloux
Un fastueux carreau soit vu sous ses genoux.

---

* Combat de Cerisoles gagné par le duc d'Enghien en Italie.

Telle est l'humble vertu qui, dans son ame empreinte...
Je le vois bien, tu vas épouser une sainte ;
Et dans tout ce grand zèle il n'est rien d'affecté.
Sais-tu bien cependant, sous cette humilité,
L'orgueil que quelquefois nous cache une bigote,
Alcippe, et connais-tu la nation dévote?
Il te faut de ce pas en tracer quelques traits,
Et par ce grand portrait finir tous mes portraits.
 A Paris, à la cour, on trouve, je l'avoue,
Des femmes dont le zèle est digne qu'on le loue,
Qui s'occupent du bien en tout temps, en tout lieu.
J'en sais une, chérie et du monde et de Dieu,
Humble dans les grandeurs, sage dans la fortune,
Qui gémit, comme Esther, de sa gloire importune ;
Que le vice lui-même est contraint d'estimer,
Et que sur ce tableau d'abord tu vas nommer.
Mais pour quelques vertus si pures, si sincères,
Combien y trouve-t-on d'impudentes faussaires,
Qui, sous un vain dehors d'austère piété,
De leurs crimes secrets cherchent l'impunité ;
Et couvrent de Dieu même, empreint sur leur visage,
De leurs honteux plaisirs l'affreux libertinage !
N'attends pas qu'à tes yeux j'aille ici l'étaler ;
Il faut mieux le souffrir que de le dévoiler.
De leurs galans exploits les Bussy, les Brantomes,
Pourraient avec plaisir te compiler des tomes :
Mais pour moi dont le front trop aisément rougit,
Ma bouche a déjà peur de t'en avoir trop dit.
Rien n'égale en fureur, en monstrueux caprices,
Une fausse vertu qui s'abandonne aux vices.
 De ces femmes pourtant l'hypocrite noirceur,
Au moins pour un mari garde quelque douceur.

Je les aime encor mieux qu'une bigote altière ;
Qui, dans son fol orgueil, aveugle et sans lumière,
A peine sur le seuil de la dévotion,
Pense atteindre au sommet de la perfection ;
Qui du soin qu'elle prend de me gêner sans cesse
Va quatre fois par mois se vanter à confesse ;
Et, les yeux vers le ciel, pour se le faire ouvrir,
Offre à Dieu les tourmens qu'elle me fait souffrir.
Sur cent pieux devoirs aux saints elle est égale ;
Elle lit Rodriguez, fait l'oraison mentale,
Va pour les malheureux quêter dans les maisons ;
Hante les hôpitaux, visite les prisons,
Tous les jours à l'église entend jusqu'à six messes ;
Mais de combattre en elle et dompter ses faiblesses,
Sur le fard, sur le jeu, vaincre sa passion,
Mettre un frein à son luxe, à son ambition,
Et soumettre l'orgueil de son esprit rebelle,
C'est ce qu'en vain le ciel voudrait exiger d'elle.
Et peut-il, dira-t-elle, en effet l'exiger ?
Elle a son directeur, c'est à lui d'en juger.
Il faut sans différer savoir ce qu'il en pense.
Bon ! vers nous à propos je le vois qui s'avance.
Qu'il paraît bien nourri ! Quel vermillon ! quel teint !
Le printemps dans sa fleur sur son visage est peint.
Cependant, à l'entendre, il se soutient à peine ;
Il eut encore hier la fièvre et la migraine ;
Et, sans les prompts secours qu'on prit soin d'apporter,
Il serait sur son lit peut-être à trembloter.
Mais de tous les mortels, grâce aux dévotes ames,
Nul n'est si bien soigné qu'un directeur de femmes.
Quelque léger dégoût vient-il le travailler ;
Une froide vapeur le fait-elle bâiller ;

Un escadron coiffé d'abord court à son aide :
L'une chauffe un bouillon, l'autre apprête un remède ;
Chez lui sirops exquis, ratafias vantés,
Confitures sur-tout, volent de tous côtés :
Car de tous mets sucrés, secs, en pâte, ou liquides,
Les estomacs dévots toujours furent avides :
Le premier massepain pour eux, je crois, se fit,
Et le premier citron à Rouen fut confit *.
Notre docteur bientôt va lever tous ses doutes ;
Du paradis pour elle il aplanit les routes ;
Et, loin sur ses défauts de la mortifier,
Lui-même prend le soin de la justifier.
Pourquoi vous alarmer d'une vaine censure?
Du rouge qu'on vous voit on s'étonne, on murmure ;
Mais a-t-on, dira-t-il, sujet de s'étonner?
Est-ce qu'à faire peur on veut vous condamner?
Aux usages reçus il faut qu'on s'accommode :
Une femme sur-tout doit tribut à la mode.
L'orgueil brille, dit-on, sur vos pompeux habits ;
L'œil à peine soutient l'éclat de vos rubis ;
Dieu veut-il qu'on étale un luxe si profane?
Oui, lorsqu'à l'étaler notre rang nous condamne.
Mais ce grand jeu chez vous comment l'autoriser?
Le jeu fut de tout temps permis pour s'amuser ;
On ne peut pas toujours travailler, prier, lire :
Il vaut mieux s'occuper à jouer qu'à médire.
Le plus grand jeu, joué dans cette intention,
Peut même devenir une bonne action ;
Tout est sanctifié par une ame pieuse.
Vous êtes, poursuit-on, avide, ambitieuse ;

---

* Les plus exquis citrons confits se font à Rouen.

Sans cesse vous brûlez de voir tous vos parens
Engloutir à la cour charges, dignités, rangs.
Votre bon naturel en cela pour eux brille;
Dieu ne nous défend point d'aimer notre famille.
D'ailleurs tous vos parens sont sages, vertueux:
Il est bon d'empêcher ces emplois fastueux
D'être donnés peut-être à des ames mondaines
Eprises du néant des vanités humaines.
Laissez-là, croyez-moi, gronder les indévots,
Et sur votre salut demeurez en repos.
  Sur tous ces points douteux c'est ainsi qu'il prononce:
Alors, croyant d'un ange entendre la réponse,
Sa dévote s'incline, et, calmant son esprit,
A cet ordre d'en haut sans réplique souscrit.
Ainsi, pleine d'erreurs qu'elle croit légitimes,
Sa tranquille vertu conserve tous ses crimes;
Dans un cœur tous les jours nourri du sacrement
Maintient la vanité, l'orgueil, l'entêtement,
Et croit que devant Dieu ses fréquens sacriléges
Sont pour entrer au ciel d'assurés priviléges.
Voilà le digne fruit des soins de son docteur.
Encore est-ce beaucoup si, ce guide imposteur
Par ces chemins fleuris d'un charmant quiétisme
Tout-à-coup l'amenant au vrai molinosisme,
Il ne lui fait bientôt, aidé de Lucifer,
Goûter en paradis les plaisirs de l'enfer.
  Mais, dans ce doux état, molle, délicieuse,
La hais-tu plus, dis-moi, que cette bilieuse
Qui, follement outrée en sa sévérité,
Baptisant son chagrin du nom de piété,
Dans sa charité fausse, où l'amour propre abonde,
Croit que c'est aimer Dieu que haïr tout le monde?

Il n'est rien où d'abord son soupçon attaché
Ne présume du crime et ne trouve un péché.
Pour une fille honnête et pleine d'innocence
Croit-elle en ses valets voir quelque complaisance?
Réputés criminels, les voilà tous chassés,
Et chez elle à l'instant par d'autres remplacés.
Son mari, qu'une affaire appelle dans la ville,
Et qui chez lui sortant a tout laissé tranquille,
Se trouve assez surpris, rentrant dans la maison,
De voir que le portier lui demande son nom,
Et que parmi ses gens, changés en son absence,
Il cherche vainement quelqu'un de connaissance.
Fort bien! le trait est bon! Dans les femmes, dis-tu,
Enfin vous n'approuvez ni vice ni vertu.
Voilà le sexe peint d'une noble manière:
Et Théophraste même, aidé de La Bruyère,
Ne m'en pourrait pas faire un plus riche tableau *.
C'est assez : il est temps de quitter le pinceau;
Vous avez désormais épuisé la satire.
Epuisé, cher Alcippe! Ah! tu me ferais rire!
Sur ce vaste sujet si j'allais tout tracer,
Tu verrais sous ma main des tomes s'amasser.
Dans le sexe j'ai peint la piété caustique:
Et que serait-ce donc si, censeur plus tragique,
J'allais t'y faire voir l'athéisme établi,
Et, non moins que l'honneur, le ciel mis en oubli;
Si j'allais t'y montrer plus d'une Capanée *
Pour souveraine loi mettant la destinée,

---

* La Bruyère a traduit les Caractères de Théophraste et a fait ceux de son siècle.

* * Capanée était un des sept chefs de l'armée qui mit le siége de

Du tonnerre dans l'air bravant les vains carreaux,
Et nous parlant de Dieu du ton de Des Barreaux? *
  Mais, sans aller chercher cette femme infernale,
T'ai-je encor peint, dis-moi, la fantasque inégale
Qui, m'aimant le matin, souvent me hait le soir?
T'ai-je peint la maligne, aux yeux faux, au cœur noir?
T'ai-je encore exprimé la brusque impertinente?
T'ai-je tracé la vieille à morgue dominante,
Qui veut, vingt ans encore après le sacrement,
Exiger d'un mari les respects d'un amant?
T'ai-je fait voir de joie une belle animée,
Qui souvent d'un repas sortant toute enfumée,
Fait, même à ses amants, trop foibles d'estomac,
Redouter ses baisers pleins d'ail et de tabac?
T'ai-je encore décrit la dame brelandière
Qui des joueurs chez soi se fait cabaretière **,
Et souffre des affronts que ne souffrirait pas
L'hôtesse d'une auberge à dix sous par repas?
Ai-je offert à tes yeux ces tristes Tisiphones,
Ces monstres pleins d'un fiel que n'ont point les lionnes,
Qui, prenant en dégoût les fruits nés de leur flanc,
S'irritent sans raison contre leur propre sang;
Toujours en des fureurs que les plaintes aigrissent,
Battent dans leurs enfans l'époux qu'elles haïssent,
Et font de leur maison, dignes de Phalaris ***,
Un séjour de douleurs, de larmes et de cris?

---

vant Thèbes. Les poètes ont dit que Jupiter le foudroya à cause de son impiété.

* On dit qu'il se convertit avant que de mourir.

** Il y a des femmes qui donnent à souper aux joueurs, de peur de ne les plus revoir s'ils sortaient de leur maison.

*** Tyran en Sicile, très-cruel.

Enfin t'ai-je dépeint la superstitieuse,
La pédante au ton fier, la bourgeoise ennuyeuse,
Celle qui de son chat fait son seul entretien,
Celle qui toujours parle et ne dit jamais rien?
Il en est des milliers; mais ma bouche enfin lasse,
Des trois quarts pour le moins veut bien te faire grace.
J'entends : c'est pousser loin de la modération.
Ah! finissez, dis-tu, la déclamation;
Pensez-vous qu'ébloui de vos vaines paroles,
J'ignore qu'en effet tous ces discours frivoles
Ne sont qu'un badinage, un simple jeu d'esprit
D'un censeur dans le fond qui folâtre et qui rit,
Plein du même projet qui vous vint dans la tête
Quand vous plaçâtes l'homme au-dessous de la bête?
Mais enfin vous et moi c'est assez badiner,
Il est temps de conclure; et, pour tout terminer,
Je ne dirai qu'un mot. La fille qui m'enchante,
Noble, sage, modeste, humble, honnête, touchante,
N'a pas un des défauts que vous m'avez fait voir.
Si, par un sort pourtant qu'on ne peut concevoir,
La belle, tout-à-coup rendue insociable,
D'ange, ce sont vos mots, se transformait en diable,
Vous me verriez bientôt, sans me désespérer,
Lui dire : Hé bien, madame, il faut nous séparer :
Nous ne sommes pas fait, je le vois, l'un pour l'autre:
Mon bien se monte à tant : tenez, voilà le vôtre.
Partez : délivrons-nous d'un mutuel souci.
Alcippe, tu crois donc qu'on se sépare ainsi?
Pour sortir de chez toi sur cette offre offensante,
As-tu donc oublié qu'il faut qu'elle y consente?
Et crois-tu qu'aisément elle puisse quitter
Le savoureux plaisir de t'y persécuter?

Bientôt son procureur, pour elle usant sa plume,
De ses prétentions va t'offrir un volume :
Car, grace au droit reçu chez les Parisiens,
Gens de douce nature, et maris bons chrétiens,
Dans ses prétentions une femme est sans borne.
Alcippe, à ce discours je te trouve un peu morne.
Des arbitres, dis-tu, pourront nous accorder.
Des arbitres !... Tu crois l'empêcher de plaider !
Sur ton chagrin déjà contente d'elle-même,
Ce n'est point tous ses droits, c'est le procès qu'elle aime.
Pour elle un bout d'arpent qu'il faudra disputer
Vaut mieux qu'un fief entier acquis sans constester ;
Avec elle il n'est point de droit qui s'éclaircisse,
Point de procès si vieux qui ne se rajeunisse ;
Et sur l'art de former un nouvel embarras
Devant elle Rolet mettrait pavillon bas.
Crois-moi, pour la fléchir trouve enfin quelque voie :
Ou je ne réponds pas dans peu qu'on ne te voie
Sous le faix des procès abattu, consterné,
Triste, à pied, sans laquais, maigre, sec, ruiné,
Vingt fois dans ton malheur résolu de te pendre,
Et, pour comble de maux, réduit à la reprendre.

SATIRE XI.

A M. DE VALINCOUR.

Le sujet de cette satire est le vrai et le faux honneur. L'auteur, après avoir parlé des méprises de la plupart des hommes, au sujet de ce qu'ils appellent l'honneur, établit enfin que le vrai et le solide honneur consiste dans la justice, sans laquelle toutes les autres prétendues bonnes qualités ne sont que de faux brillans. Cette satire fut commencée vers le mois de novembre 1698.

Oui, l'honneur, Valincour, est chéri dans le monde;
Chacun, pour l'exalter, en paroles abonde:
A s'en voir revêtu chacun met son bonheur;
Et tout crie ici-bas: L'honneur! Vive l'honneur!
Entendons discourir, sur les bancs des galères,
Ce forçat abhorré même de ses confrères;
Il plaint, par un arrêt injustement donné,
L'honneur en sa personne à ramer condamné.
En un mot, parcourons et la mer et la terre;
Interrogeons marchands, financiers, gens de guerre,
Courtisans, magistrats: chez eux, si je les croi,
L'intérêt ne peut rien, l'honneur seul fait la loi.
Cependant lorsqu'aux yeux leur portant la lanterne*
J'examine au grand jour l'esprit qui les gouverne,
Je n'aperçois par-tout que folle ambition,
Faiblesse, iniquité, fourbe, corruption,

---

* Allusion au mot de Diogène le cynique, qui portait une lanterne en plein jour, et qui disait qu'il cherchait un homme.

Que ridicule orgueil de soi-même idolâtré.
Le monde, à mon avis, est comme un grand théâtre,
Où chacun en public, l'un par l'autre abusé,
Souvent à ce qu'il est joue un rôle opposé.
Tous les jours on y voit, orné d'un faux visage,
Impudemment le fou représenter le sage;
L'ignorant s'ériger en savant fastueux,
Et le plus vil faquin trancher du vertueux.
Mais quelque fol espoir dont leur orgueil les berce,
Bientôt on les connaît et la vérité perce.
On a beau se farder aux yeux de l'univers;
A la fin sur quelqu'un de nos vices couverts
Le public malin jette un œil inévitable;
Et bientôt la censure, au regard formidable,
Sait, le crayon en main, marquer nos endroits faux,
Et nous développer avec tous nos défauts.
Du mensonge toujours le vrai demeure maître.
Pour paraître honnête homme, en un mot, il faut l'être;
Et jamais, quoi qu'il fasse, un mortel ici-bas
Ne peut aux yeux du monde être ce qu'il n'est pas.
En vain ce misantrope, aux yeux tristes et sombres,
Veut, par un air riant, en éclaircir les ombres;
Le ris sur son visage est en mauvaise humeur;
L'agrément fuit ses traits, ses caresses font peur;
Ses mots les plus flatteurs paraissent des rudesses,
Et la vanité brille en toutes ses bassesses.
Le naturel toujours sort et sait se montrer;
Vainement on l'arrête, on le force à rentrer;
Il rompt tout, perce tout, et trouve enfin passage.
Mais loin de mon projet je sens que je m'engage.
Revenons de ce pas à mon texte égaré.
L'honneur par-tout, disais-je, est du monde admiré,

Mais l'honneur, en effet, qu'il faut que l'on admire,
Quel est-il, Valincour? Pourras-tu me le dire?
L'ambitieux le met souvent à tout brûler;
L'avare à voir chez lui le Pactole * rouler;
Un faux brave, à vanter sa prouesse frivole;
Un vrai fourbe, à jamais ne garder sa parole;
Ce poëte, à noircir d'insipides papiers;
Ce marquis, à savoir frauder ses créanciers;
Un libertin, à rompre et jeûnes et carême;
Un fou perdu d'honneur, à braver l'honneur même.
L'un d'eux a-t-il raison? Qui pourrait le penser?
Qu'est-ce donc que l'honneur que tout doit embrasser?
Est-ce de voir, dis-moi, vanter notre éloquence,
D'exceller en courage, en adresse, en prudence;
De voir à notre aspect tout trembler sous les cieux;
De posséder enfin mille dons précieux?
Mais avec tous ces dons de l'esprit et de l'ame
Un roi même souvent peut n'être qu'un infâme,
Qu'un Hérode, un Tibère effroyable à nommer.
Où donc est cet honneur qui seul doit nous charmer?
Quoiqu'en ses beaux discours Saint-Evremond nous prône,
Aujourd'hui j'en croirai Sénèque avant Pétrone.**

Dans le monde il n'est rien de beau que l'équité:
Sans elle la valeur, la force, la bonté,
Et toutes les vertus dont s'éblouit la terre,
Ne sont que faux brillans, et que morceaux de verre.

---

* Fleuve de Lydie, où l'on trouve de l'or, ainsi que dans plusieurs autres fleuves.

** Saint-Evremond a fait une dissertation dans laquelle il donne la préférence à Pétrone sur Sénèque.

Un injuste guerrier *, terreur de l'univers,
Qui, sans sujet, courant chez cent peuples divers,
S'en va tout ravager jusqu'aux rives du Gange,
N'est qu'un plus grand voleur que du Tertre et St.-Ange**.
Du premier des Césars on vante les exploits;
Mais dans quel tribunal, jugé suivant les lois,
Eût-il pu disculper son injuste manie?
Qu'on livre son pareil, en France, à la Reynie ***,
Dans trois jours nous verrons le phénix des guerriers
Laisser sur l'échafaud sa tête et ses lauriers.
C'est d'un roi ****que l'on tient cette maxime auguste,
Que jamais on n'est grand qu'autant que l'on est juste.
Rassemblez à la fois Mithridate et Sylla;
Joignez-y Tamerlan, Genseric, Attila;
Tous ces fiers conquérans, rois, princes, capitaines,
Sont moins grands à mes yeux que ce bourgeois d'Athènes*
Qui sut, pour tous exploits, doux, modéré, frugal,
Toujours vers la justice aller d'un pas égal.
Oui, la justice en nous est la vertu qui brille:
Il faut de ses couleurs qu'ici-bas tout s'habille;
Dans un mortel chéri, tout injuste qu'il est,
C'est quelque air d'équité qui séduit et qui plaît.
A cet unique appât l'ame est vraiment sensible:
Même aux yeux de l'injuste un injuste est horrible;
Et tel qui n'admet point la probité chez lui,
Souvent à la rigueur l'exige chez autrui.

---

* Alexandre.

** Fameux voleurs de grands chemins.

*** Célèbre lieutenant-général de police à Paris.

**** Agésilas, roi de Sparte.

* Socrate.

Disons plus : il n'est point d'ame livrée au vice
Où l'on ne trouve encor des traces de justice.
Chacun de l'équité ne fait pas son flambeau ;
Tout n'est pas Caumartin, Bignon, ni d'Aguesseau :
Mais jusqu'en ces pays où tout vit de pillage,
Chez l'Arabe et le Scythe, elle est de quelque usage ;
Et du butin acquis en violant les lois,
C'est elle entre eux qui fait le partage et le choix.
 Mais allons voir le vrai jusqu'en sa source même.
Un dévot aux yeux creux, et d'abstinence blême,
S'il n'a point le cœur juste, est affreux devant Dieu.
L'évangile au chrétien ne dit en aucun lieu,
Sois dévot : elle dit, sois doux, simple, équitable.
Car d'un dévot souvent au chrétien véritable
La distance est deux fois plus longue, à mon avis,
Que du pôle antarctique au détroit de Davis *.
Encor par ce dévot ne crois pas que j'entende
Tartuffe, ou Molinos et sa mystique bande :
J'entends un faux chrétien mal instruit, mal guidé,
Et qui, de l'évangile en vain persuadé,
N'en a jamais conçu l'esprit ni la justice ;
Un chrétien qui s'en sert pour disculper le vice ;
Qui, toujours près des grands qu'il prend soin d'abuser,
Sur leurs faibles honteux sait les autoriser,
Et croit pouvoir au ciel, par ses folles maximes,
Avec le sacrement faire entrer tous les crimes.
Des faux dévots pour moi voilà le vrai héros.
 Mais, pour borner enfin tout ce vague propos,
Concluons qu'ici-bas le seul honneur solide,
C'est de prendre toujours la vérité pour guide ;

* Détroit sous le pole arctique, près de la nouvelle Zemble.

De regarder en tout la raison et la loi ;
D'être doux pour tout autre, et rigoureux pour soi ;
D'accomplir tout le bien que le ciel nous inspire ;
Et d'être juste enfin : ce mot seul veut tout dire.
Je doute que le flot des vulgaires humains,
A ce discours pourtant donne aisément les mains ;
Et, pour t'en dire ici la raison historique,
Souffre que je l'habille en fable allégorique.

Sous le bon roi Saturne, ami de la douceur,
L'Honneur, cher Valincourt, et l'Equité sa sœur,
De leurs sages conseils éclairant tout le monde,
Régnaient, chéris du ciel, dans une paix profonde.
Tout vivait en commun sous ce couple adoré :
Aucun n'avait d'enclos ni de champ séparé.
La vertu n'était point sujette à l'ostracisme *,
Ni ne s'appelait point alors un jansénisme.
L'Honneur, beau par soi-même, et sans vains ornemens,
N'étalait point aux yeux l'or ni les diamans,
Et, jamais ne sortant de ses devoirs austères,
Maintenait de sa sœur les règles salutaires.
Mais une fois au ciel par les dieux appelé,
Il demeura long-temps au séjour étoilé.

Un fourbe cependant, assez haut de corsage,
Et qui lui ressemblait de geste et de visage,
Prend son temps, et par-tout ce hardi suborneur
S'en va chez les humains crier qu'il est l'Honneur ;
Qu'il arrive du ciel, et que, voulant lui-même
Seul porter désormais le faix du diadême,

* Loi par laquelle les Athéniens avaient droit de reléguer tel de leurs citoyens qu'ils voulaient.

De lui seul il prétend qu'on reçoive la loi.
A ces discours trompeurs le monde ajoute foi.
L'innocente Equité honteusement bannie
Trouve à peine un désert où fuir l'ignominie.
Aussitôt sur un trône éclatant de rubis
L'imposteur monte, orné de superbes habits.
La Hauteur, le Dédain, l'Audace, l'environnent;
Et le Luxe et l'Orgueil de leurs mains le couronnent.
Tout fier il montre alors un front plus sourcilleux :
Et le Mien et le Tien, deux frères pointilleux,
Par son ordre amenant les procès et la guerre,
En tous lieux de ce pas vont partager la terre;
En tous lieux, sous les noms de bon droit et de tort,
Vont chez elle établir le seul droit du plus fort.
Le nouveau roi triomphe, et, sur ce droit inique,
Bâtit de vaines lois un code fantastique;
Avant tout aux mortels prescrit de se venger,
L'un l'autre au moindre affront les force à s'égorger;
Et dans leur ame, en vain de remords combattue,
Trace en lettre de sang ces deux mots : Meurs ou tue.
Alors, ce fut alors, sous ce vrai Jupiter,
Qu'on vit naître ici-bas le noir siècle de fer.
Le frère au même instant s'arma contre le frère;
Le fils trempa ses mains dans le sang de son père;
La soif de commander enfanta les tyrans,
Du Tanaïs * au Nil porta les conquérans;
L'ambition passa pour la vertu sublime;
Le crime heureux fut juste, et cessa d'être crime :
On ne vit plus que haine et que division,
Qu'envie, effroi, tumulte, horreur, confusion.

---

* Le Tanaïs est un fleuve du pays des Scythes.

Le véritable Honneur sur la voûte céleste
Est enfin averti de ce trouble funeste.
Il part sans différer, et, descendu des cieux,
Va par-tout se montrer dans les terrestres lieux ;
Mais il n'y fait plus voir qu'un visage incommode ;
On n'y peut plus souffrir ses vertus hors de mode ;
Et lui-même, traité de fourbe et d'imposteur,
Est contraint de ramper aux pieds du séducteur.
Enfin, las d'essuyer outrage sur outrage,
Il livre les humains à leur triste esclavage ;
S'en va trouver sa sœur, et, dès ce même jour,
Avec elle s'envole au céleste séjour.
Depuis, toujours ici riche de leur ruine,
Sur les tristes mortels le faux honneur domine,
Gouverne tout, fait tout, dans ce bas univers ;
Et peut-être est-ce lui qui m'a dicté ces vers.
Mais en fût-il l'auteur, je conclus de sa fable
Que ce n'est qu'en Dieu seul qu'est l'honneur véritable.

AVERTISSEMEMT
SUR LA SATIRE XII.

QUELQUE heureux succès qu'aient eu mes ouvrages; j'avais résolu depuis leur dernière édition * de ne plus rien donner au public; et quoiqu'à mes heures perdues, il y a environ cinq ans **, j'eusse encore fait contre l'équivoque une satire que tous ceux à qui je l'ai communiquée ne jugeaient pas inférieure à mes autres écrits, bien loin de la publier, je la tenais soigneusement cachée, et je ne croyais pas que, moi vivant, elle dût jamais voir le jour. Ainsi donc, aussi soigneux désormais de me faire oublier que j'avais été autrefois curieux de faire parler de moi, je jouissais, à mes infirmités près, d'une assez grande tranquillité, lorsque tout d'un coup j'ai appris qu'on débitait dans le monde sous mon nom quantité de méchans écrits, et entre autres une pièce en vers contre les jésuites, également odieuse et insipide, où l'on me faisait, en mon propre nom, dire à toute leur société les injures les plus grossières. J'avoue que cela m'a donné un très-grand chagrin. Car bien que tous les gens sensés aient connu sans peine que la pièce n'était point de moi, et qu'il n'y ait eu que de très-petits esprits qui aient présumé que j'en pouvais être l'auteur, la vérité est pourtant que je n'ai pas regardé comme un médiocre affront de me voir soupçonné, même par des ridicules, d'avoir fait un ouvrage si ridicule.

J'ai donc cherché les moyens les plus propres pour me laver de cette infamie; et tout bien considéré je n'ai

---

* En 1701.

** Cet avertissement a été composé en 1710.

point trouvé de meilleur expédient que de faire imprimer ma satire contre l'Equivoque ; parce qu'en la lisant, les moins éclairés, même de ces petits esprits, ouvriraient peut-être les yeux, et verraient manifestement le peu de rapport qu'il y a de mon style, même en l'âge où je suis, au style bas et rampant de l'auteur de ce pitoyable écrit. Ajoutez à cela que je pouvais mettre à la tête de ma satire, en la donnant au public, un avertissement en manière de préface, où je me justifierais pleinement, et tirerais tout le monde d'erreur. C'est ce que je fais aujourd'hui, et j'espère que le peu que je viens de dire, produira l'effet que je me suis proposé. Il ne me reste donc plus maintenant qu'à parler de la satire pour laquelle est fait ce discours.

Je l'ai composée par le caprice du monde le plus bizarre, et par une espèce de dépit et de colère poétique, s'il faut ainsi dire, qui me saisit à l'occasion de ce que je vais raconter. Je me promenais dans mon jardin à Auteuil, et rêvais en marchant à un poëme que je voulais faire contre les mauvais critiques de notre siècle. J'en avais déjà même composé quelques vers dont j'étais content. Mais voulant continuer, je m'aperçus qu'il y avait dans ces vers une équivoque de langue, et m'étant sur-le-champ mis en devoir de la corriger, je n'en pus jamais venir à bout. Cela m'irrita de telle manière, qu'au lieu de m'appliquer davantage à réformer cette équivoque, et à poursuivre mon poëme contre les faux critiques, la folle pensée me vint de faire contre l'équivoque même une satire qui pût me venger de tous les chagrins qu'elle m'a causés depuis que je me mêle d'écrire. Je vis bien que je ne rencontrerais pas de médiocres difficultés à mettre en vers un sujet si sec ; et même il s'en présenta d'abord une qui m'arrêta tout court : ce fut de savoir duquel des deux genres, masculin ou féminin, je ferais le mot d'équivoque, beaucoup d'habiles écrivains, ainsi que le remarque Vaugelas, le faisant masculin. Je me déterminai pourtant assez vîte au féminin, comme au plus usité des deux : et bien loin que cela empêchât l'exécution de mon projet, je crus que ce ne serait pas une méchante plaisanterie de commencer ma satire par cette difficulté même. C'est ainsi que je m'engageai dans la composition de cet ouvrage. Je croyais d'abord faire tout au plus quarante ou soixante vers; mais ensuite les pensées me venant en foule, et les choses que j'avais à reprocher à l'équivoque se multipliant à mes yeux, j'ai poussé ces vers jusqu'à près de trois cent cinquante.

C'est au public maintenant à voir si j'ai bien ou mal réussi. Je n'emploierai point ici, non plus que dans les préfaces de mes autres écrits, mon adresse et ma rhétorique à le prévenir en ma faveur. Tout ce que je puis lui dire, c'est que j'ai travaillé cette pièce avec le même soin que toutes mes autres poésies. Une chose pourtant dont il est bon que les jésuites soient avertis, c'est qu'en attaquant l'équivoque, je n'ai pas pris ce mot dans toute l'étroite rigueur de sa signification grammaticale, le mot d'équivoque, en ce sens-là, ne voulant dire qu'une ambiguité de paroles, mais que je l'ai pris, comme le prend ordinairement le commun des hommes, pour toutes sortes d'ambiguités de sens, de pensées, d'expressions, et enfin pour tous ces abus et toutes ces méprises de l'esprit humain qui font qu'il prend souvent une chose pour une autre. Et c'est dans ce sens que j'ai dit que l'idolâtrie avait pris naissance de l'équivoque; les hommes, à mon avis, ne pouvant pas s'équivoquer plus lourdement que de prendre des pierres, de l'or et du cuivre, pour Dieu. J'ajouterai à cela que la Providence divine, ainsi que je l'établis clairement dans ma satire, n'ayant permis chez eux cet horrible aveuglement qu'en punition de ce que leur premier père avait prêté l'oreille aux promesses du démon, j'ai pu conclure infailliblement que l'idolâtrie est un fruit, ou, pour mieux dire, un véritable enfant de l'équivoque. Je ne vois donc pas qu'on me puisse faire sur cela aucune bonne critique, et surtout ma satire étant un pur jeu d'esprit, et il serait ridicule d'exiger une précision géométrique de pensées et de paroles.

Mais il y a une autre objection plus importante et plus considérable qu'on me fera peut-être au sujet des propositions de morale relâchée que j'attaque dans la dernière partie de mon ouvrage. Car ces propositions ayant été, à ce qu'on prétend, avancées par quantité de théologiens, même célèbres, la moquerie que j'en fais peut, dira-t-on, diffamer, en quelque sorte, ces théologiens, et causer ainsi une espèce de scandale dans l'Eglise. A cela je réponds premièrement qu'il n'y a aucune des propositions que j'attaque qui n'ait été plus d'une fois condamnée par toute l'Eglise, et tout récemment encore par deux des plus grands papes qui aient depuis long-temps rempli le saint-siége. Je dis, en second lieu, qu'à l'exemple de ces célèbres vicaires de Jésus-Christ, je n'ai point nommé les auteurs de ces propositions, ni aucun de ces théologiens dont on dit que je puis causer la diffamation, et contre lesquels même j'avoue que je ne puis rien décider, puisque je n'ai point lu ni ne suis d'humeur à lire leurs écrits : ce qui serait pourtant absolument nécessaire pour prononcer sur les accusations que l'on forme contre eux, leurs accusateurs pouvant les avoir mal entendus et s'être trompés dans l'intelligence des passages où ils prétendent que sont ces erreurs dont ils les accusent. Je soutiens, en troisième lieu, qu'il est contre la droite raison de penser que je puisse exciter quelque scandale dans l'Eglise, en traitant de ridicule des propositions rejetées de toute l'Eglise, et plus dignes encore, par leur absurdité, d'être sifflées de tous les fidèles, que réfutées sérieusement. C'est ce que je me crois obligé de dire pour me justifier. Que si après cela, il se trouve encore quelques théologiens qui se figurent qu'en décriant ces propositions, j'ai eu en vue de les décrier eux-mêmes, je déclare que cette fausse idée qu'ils ont de moi, ne saurait venir que des mauvais artifices de l'équivoque, qui, pour se venger des injures que je lui dis dans ma pièce, s'efforce d'intéresser dans sa cause ces théologiens, en me faisant penser ce que je n'ai pas pensé, et dire ce que je n'ai point dit.

Voilà, ce me semble, bien des paroles, et peut-être trop de paroles employées pour justifier un aussi peu considérable ouvrage qu'est la satire qu'on va voir. Néanmoins, avant que de finir, je ne crois pas me pouvoir dispenser d'apprendre aux lecteurs qu'en attaquant, comme je fais dans ma satire, ces erreurs, je ne me suis point fié à mes seules lumières, mais qu'ainsi que je l'ai pratiqué il y a environ dix ans, à l'égard de mon épitre de l'Amour de Dieu, j'ai, non-seulement consulté sur mon ouvrage tout ce que je connais de plus habiles docteurs, mais que je l'ai donné à examiner au prélat de l'Eglise, qui, par l'étendue de ses connaissances et par l'éminence de sa dignité, est le plus capable et le plus en droit de me prescrire ce que je dois penser sur ces matières : je veux dire M. le cardinal de Noailles, mon archevêque. J'ajouterai que ce pieux et savant cardinal a eu trois semaines ma satire entre les mains, et qu'à mes instantes prières, après l'avoir lue et relue plus d'une fois, il me l'a enfin rendue en me comblant d'éloges, et m'a bien assuré qu'il n'y avait trouvé à redire qu'un seul mot, que j'ai corrigé sur-le-champ, et sur lequel je lui ai donné une entière satisfaction. Je me flatte donc qu'avec une approbation si authentique, si sûre et si glorieuse, je puis marcher la tête levée, et dire hardiment des critiques qu'on pourra faire désormais contre la doctrine de mon ouvrage, que ce ne sauraient être que de vaines subtilités d'un tas de misérables sophistes formés dans l'école du mensonge, et aussi affidés amis de l'équivoque, qu'opiniâtres ennemis de Dieu, du bon sens et de la vérité.

SATIRE XII.

SUR L'ÉQUIVOQUE.

On vient de voir dans le discours précédent ce qui a donné lieu à la composition de cette satire. L'Equivoque n'est point prise ici dans la rigueur de la signification grammaticale, mais pour toutes sortes d'ambiguités de sens, de pensées ou d'expressions, qui font souvent prendre une chose pour une autre. Cette pièce fut composée en 1705.

Du langage français, bizarre hermaphrodite,
De quel genre te faire, équivoque maudite,
Ou maudit? car sans peine aux rimeurs hasardeux
L'usage encor, je crois, laisse le choix des deux.
Tu ne me réponds rien. Sors d'ici, fourbe insigne,
Mâle aussi dangereux que femelle maligne,
Qui crois rendre innocens les discours imposteurs;
Tourment des écrivains, juste effroi des lecteurs;
Par qui, de mots confus, sans cesse embarrassée,
Ma plume, en écrivant, cherche en vain ma pensée:
Laisse-moi : va charmer de tes vains agrémens
Les yeux faux et gâtés de tes louches amans;
Et ne viens point ici de ton ombre grossière
Envelopper mon style, ami de la lumière.
Tu sais bien que jamais chez toi, dans mes discours,
Je n'ai d'un faux brillant emprunté le secours :
Fuis donc! Mais non, demeure; un démon qui m'inspire
Veut encor qu'une utile et dernière satire,
De ce pas en mon livre exprimant tes noirceurs,
Se vienne, en nombre pair, joindre à ses onze sœurs,

Et je sens que ta vue échauffe mon audace.
Viens, approche : voyons, malgré l'âge et sa glace,
Si ma muse aujourd'hui, sortant de sa langueur,
Pourra trouver encore un reste de vigueur.
  Mais, où tend, dira-t-on, ce projet fantastique?
Ne vaudrait-il pas mieux dans mes vers, moins caustiques
Répandre de tes jeux le sel divertissant,
Que d'aller contre toi, sur ce ton menaçant,
Pousser jusqu'à l'excès ma critique boutade?
  Je ferais mieux, j'entends, d'imiter Benserade.
C'est par lui qu'autrefois, mise en ton plus beau jour,
Tu sus, trompant les yeux du peuple et de la cour,
Leur faire, à la faveur de tes bluettes folles,
Goûter comme bons mots tes quolibets frivoles.
Mais ce n'est plus le temps ; le public détrompé
D'un pareil enjoûment ne se sent plus frappé.
Tes bons mots, autrefois délices des ruelles,
Approuvés chez les grands, applaudis chez les belles,
Hors de mode aujourd'hui chez nos plus froids badins,
Sont des collets-montés et des vertugadins.
Le lecteur ne sait plus admirer dans Voiture
De ton froid jeu de mots l'insipide figure.
C'est à regret qu'on voit cet auteur si charmant,
Et pour mille beaux traits vantés si justement,
Chez toi toujours cherchant quelque finesse aiguë,
Présenter au lecteur sa pensée ambiguë ;
Et souvent du faux sens d'un proverbe affecté
Faire de son discours la piquante beauté.
  Mais laissons là le tort qu'à ses brillans ouvrages
Fit le plat agrément de tes vains badinages.
Parlons des maux sans fin que ton sens de travers,
Source de toute erreur, sema dans l'univers :

Et, pour les contempler jusque dans leur naissance,
Dès le temps nouveau-né, quand la Toute-Puissance
D'un mot forma le ciel, l'air, la terre et les flots,
N'est-ce pas toi, voyant le monde à peine éclos,
Qui, par l'éclat trompeur d'une funeste pomme,
Et tes mots ambigus, fis croire au premier homme
Qu'il alloit, en goûtant de ce morceau fatal,
Comblé de tout savoir, à Dieu se rendre égal?
Il en fit sur-le-champ la folle expérience.
Mais tout ce qu'il acquit de nouvelle science
Fut que, triste et honteux de voir sa nudité,
Il sut qu'il n'était plus, grâce à sa vanité,
Qu'un chétif animal pétri d'un peu de terre,
A qui la faim, la soif, par-tout faisaient la guerre,
Et qui, courant toujours de malheur en malheur,
A la mort arrivait enfin par la douleur.
Oui, de tes noirs complots et de ta triste rage
Le genre humain perdu fut le premier ouvrage:
Et bien que l'homme alors parût si rabaissé,
Par toi contre le ciel un orgueil insensé
Armant de ses neveux la gigantesque engeance,
Dieu résolut enfin, terrible en sa vengeance,
D'abîmer sous les eaux tous ces audacieux.
Mais avant qu'il lâchât les écluses des cieux,
Par un fils de Noé, fatalement sauvée,
Tu fus, comme serpent, dans l'arche conservée.
Et d'abord poursuivant tes projets suspendus,
Chez les mortels restans, encor tout éperdus,
De nouveau tu semas tes captieux mensonges,
Et remplis leurs esprits de fables et de songes,
Tes voiles offusquant leurs yeux de toutes parts,
Dieu disparut lui-même à leurs troubles regards.

Alors tout ne fut plus que stupide ignorance,
Qu'impiété sans borne en son extravagance:
Puis, de cent dogmes faux la superstition
Répendant l'idolâtre et folle illusion
Sur la terre en tous lieux disposée à les suivre,
L'art se tailla des dieux d'or, d'argent et de cuivre;
Et l'artisan lui-même, humblement prosterné
Aux pieds du vain métal par sa main façonné,
Lui demanda les biens, la santé, la sagesse;
Le monde fut rempli de dieux de toute espèce:
On vit le peuple fou qui du Nil boit les eaux,
Adorer les serpens, les poissons, les oiseaux;
Aux chiens, aux chats, aux boucs, offrir des sacrifices;
Conjurer l'ail, l'oignon, d'être à ses vœux propices;
Et croire follement maîtres de ses destins
Ces dieux nés du fumier porté dans ses jardins.
Bientôt te signalant par mille faux miracles,
Ce fut toi qui par-tout fis parler les oracles:
C'est par ton double sens dans leurs discours jeté
Qu'ils surent, en mentant, dire la vérité,
Et sans crainte, rendant leurs réponses normandes,
Des peuples et des rois engloutir les offrandes.
Ainsi, loin du vrai jour par toi toujours conduit,
L'homme ne sortit plus de son épaisse nuit.
Pour mieux tromper ses yeux, ton adroit artifice
Fit à chaque vertu prendre le nom d'un vice;
Et par toi, de splendeur faussement revêtu,
Chaque vice emprunta le nom d'une vertu.
Par toi l'humilité devint une bassesse;
La candeur se nomma grossièreté, rudesse:
Au contraire, l'aveugle et folle ambition
S'appela des grands cœurs la belle passion;

10*

Du nom de fierté noble en orna l'impudence,
Et la fourbe passa pour exquise prudence :
L'audace brilla seule aux yeux de l'univers ;
Et pour vraiment héros, chez les hommes pervers,
On ne reconnut plus qu'usurpateurs iniques,
Que tyranniques rois, censés grands politiques,
Qu'infâmes scélérats à la gloire aspirant,
Et voleurs revêtus du nom de conquérans.
Mais à quoi s'attacha ta savante malice?
Ce fut sur-tout à faire ignorer la justice :
Dans les plus claires lois ton ambiguité
Répandant son adroite et fine obscurité,
Aux yeux embarrassés des juges les plus sages
Tout sens devint douteux, tout mot eut deux visages ;
Plus on crut pénétrer, moins on fut éclairci :
Le texte fut souvent par la glose obscurci :
Et pour comble de maux, à tes raisons frivoles
L'éloquence prêtant l'ornement des paroles,
Tous les jours accablé sous leur commun effort,
Le vrai passa pour faux, et le bon droit eut tort.
Voilà comme, déchu de sa grandeur première,
Concluons, l'homme enfin perdit toute lumière,
Et, par tes yeux trompeurs se figurant tout voir,
Ne vit, ne sut plus rien, ne put plus rien savoir.
De la raison pourtant, par le vrai Dieu guidée,
Il resta quelque trace encor dans la Judée.
Chez les hommes ailleurs sous ton joug gémissans
Vainement on chercha la vertu, le droit sens :
Car, qu'est-ce, loin de Dieu, que l'humaine sagesse!
Et Socrate, l'honneur de la profane Grèce,
Qu'était-il en effet, de près examiné,
Qu'un mortel par lui-même au seul mal entraîné,

Et, malgré la vertu dont il faisait parade,
Très-équivoque ami du jeune Alcibiade?
Oui, j'ose hardiment l'affirmer contre toi,
Dans le monde idolâtre, asservi sous ta loi,
Par l'humaine raison de clarté dépourvue
L'humble et vraie équité fut à peine entrevue;
Et, par un sage altier, au seul faste attaché,
Le bien même accompli souvent fut un péché.
Pour tirer l'homme enfin de ce désosdre extrême
Il fallut qu'ici-bas Dieu, fait homme lui-même,
Vînt du sein lumineux de l'éternel séjour
De tes dogmes trompeurs dissiper le faux jour.
A l'aspect de ce Dieu les démons disparurent;
Dans Delphes, dans Délos, tes oracles se turent:
Tout marqua, tout sentit, sa venue en ces lieux:
L'estropié marcha, l'aveugle ouvrit les yeux.
Mais bientôt contre lui ton audace rebelle
Chez la nation même à son culte fidelſe
De tous côtés arma tes nombreux sectateurs,
Prêtres, pharisiens, rois, pontifes, docteurs.
C'est par eux que l'on vit la vérité suprême
De mensonge et d'erreur accusée elle-même,
Au tribunal humain le Dieu du ciel traîné,
Et l'auteur de la vie à mourir condamné.
Ta fureur toutefois à ce coup fut déçue,
Et pour toi ton audace eut une triste issue.
Dans la nuit du tombeau ce Dieu précipité
Se releva soudain tout brillant de clarté;
Et par-tout sa doctrine en peu de temps portée
Fut du Gange et du Nil et du Tage écoutée;
Des superbes autels à leur gloire dressés
Tes ridicules dieux tombèrent renversés:

On vit en mille endroits leurs honteuses statues
Pour le plus bas usage utilement fondues,
Et gémir vainement Mars, Jupiter, Vénus,
Urnes, vases, trépieds, vils meubles devenus.
Sans succomber pourtant tu soutins cet orage,
Et, sur l'idolâtrie enfin perdant courage,
Pour embarrasser l'homme en des nœuds plus subtils,
Tu courus chez Satan brouiller de nouveaux fils.

Alors, pour seconder ta triste frénésie,
Arriva de l'enfer ta fille l'Hérésie.
Ce monstre, dès l'enfance à ton école instruit,
De tes leçons bientôt te fit goûter le fruit.
Par lui l'erreur, toujours finement apprêtée,
Sortant pleine d'attraits de sa bouche empestée,
De son mortel poison tout courut s'abreuver,
Et l'eglise elle-même eut peine à s'en sauver.
Elle-même deux fois, presque toute arienne,
Sentit chez soi trembler la vérité chrétienne,
Lorsqu'attaquant le Verbe et sa divinité,
D'une syllabe impie un saint mot augmenté
Remplit tous les esprits d'aigreurs si meurtrières,
Et fit de sang chrétien couleur tant de rivières.
Le fidèle, au milieu de ces troubles confus,
Quelque temps égaré, ne se reconnut plus;
Et dans plus d'un aveugle et ténébreux concile
Le mensonge parut vainqueur de l'Evangile.

Mais à quoi bon ici du profond des enfers,
Nouvel historien de tant de maux soufferts,
Rappeler Arius, Valentin et Pélage,
Et tous ces fiers démons que toujours d'âge en âge,
Dieu, pour faire éclaircir à fond ses vérités,
A permis qu'aux chrétiens l'enfer ait suscités?

Laissons hurler là-bas tous ces damnés antiques,
Et bornons nos regards aux troubles fanatiques
Que ton horrible fille ici sut émouvoir,
Quand Luther et Calvin, remplis de ton savoir,
Et soi-disant choisis pour réformer l'Eglise,
Vinrent du célibat affranchir la prêtrise,
Et, des vœux les plus saints blâmant l'austérité,
Aux moines las du joug rendre la liberté.
Alors n'admettant plus d'autorité visible,
Chacun fut de la foi censé juge infaillible;
Et, sans être approuvé par le clergé romain,
Tout protestant fut pape, une bible à la main.
De cette erreur dans peu naquirent plus de sectes
Qu'en automne on ne voit de bourdonnans insectes
Fondre sur les raisins nouvellement mûris,
Où qu'en toutes saisons sur les murs, à Paris,
On ne voit affichés de recueils d'amourettes,
De vers, de contes bleus, de frivoles sornettes,
Souvent peu recherchés du public nonchalant,
Mais vantés à coup sûr du Mercure galant.
Ce ne fut plus par-tout que fous anabaptistes,
Qu'orgueilleux puritains, qu'exécrables déistes,
Le plus vil artisan eut ses dogmes à soi,
Et chaque chrétien fut de différente loi
La discorde, au milieu de ces sectes altières,
En tout lieu cependant déploya ses bannières;
Et ta fille, au secours des vains raisonnemens
Appelant le ravage et les embrasemens,
Fit, en plus d'un pays, aux villes désolées
Sous l'herbe en vain chercher leurs églises brûlées,
L'Europe fut un champ de massacre et d'horreur;
Et l'orthodoxe même, aveugle en sa fureur,

De tes dogmes trompeurs nourrissant son idée,
Oublia la douceur aux chrétiens commandée;
Et crut, pour venger Dieu de ses fiers ennemis,
Tout ce que Dieu défend, légitime et permis.
Au signal tout-à-coup donné pour le carnage,
Dans les villes, par-tout, théâtres de leur rage,
Cent mille faux zélés, le fer en main courans,
Allèrent attaquer leurs amis, leurs parens,
Et, sans distinction, dans tout sein hérétique
Pleins de joie enfoncer un poignard catholique:
Car quel lion, quel tigre, égale en cruauté
Une injuste fureur qu'arme la piété?
Ces fureurs, jusqu'ici du vain peuple admirées,
Etaient pourtant toujours de l'Eglise abhorrées;
Et, dans ton grand crédit pour te bien conserver,
Il fallait que le ciel parût les approuver:
Ce chef-d'œuvre devait couronner ton adresse.
Pour y parvenir donc, ton active souplesse,
Dans l'école abusant tes grossiers écrivains,
Fit croire à leurs esprits ridiculement vains
Qu'un sentiment impie, injuste, abominable,
Par deux ou trois d'entre eux réputé soutenable,
Prenait chez eux un sceau de probabilité
Qui même contre Dieu lui donnait sureté;
Et qu'un chrétien pouvait, rempli de confiance,
Même en le condamnant, le suivre en conscience.
C'est sur ce beau principe, admis si follement,
Qu'aussitôt tu posas l'énorme fondement
De la plus dangereuse et terrible morale
Que Lucifer, assis dans la chaire infernale,
Vomissant contre Dieu ses monstrueux sermons,
Ait jamais enseignée aux novices démons.

Soudain, au grand honneur de l'école païenne,
On entendit prêcher dans l'église chrétienne
Que sous le joug du vice un pécheur abattu
Pouvait, sans aimer Dieu ni même la vertu,
Par la seule frayeur au sacrement unie,
Admis au ciel, jouir de la gloire infinie;
Et que, les clefs en main, sur ce seul passeport,
Saint-Pierre à tous venans devait ouvrir d'abord.
Ainsi, pour éviter l'éternelle misère,
Le vrai zèle au chrétien n'étant plus nécessaire,
Tu sus, dirigeant bien en eux l'intention,
De tout crime laver la coupable action.
Bientôt, se parjurer cessa d'être un parjure;
L'argent à tout denier se prêta sans usure;
Sans simonie, on put contre un bien temporel
Hardiment échanger un bien spirituel;
Du soin d'aider le pauvre on dispensa l'avare;
Et même chez les rois le superflu fut rare.
C'est alors qu'on trouva, pour sortir d'embarras,
L'art de mentir tout haut en disant vrai tout bas:
C'est alors qu'on apprit qu'avec un peu d'adresse
Sans crime un prêtre peut vendre trois fois sa messe;
Pourvu que, laissant là son salut à l'écart,
Lui-même en la disant n'y prenne aucune part:
C'est alors qu'on sut qu'on peut pour une pomme,
Sans blesser la justice, assassiner un homme:
Assassiner! ah! non, je parle improprement;
Mais que, prêt à la perdre, on peut innocemment,
Sur-tout ne la pouvant sauver d'une autre sorte,
Massacrer le voleur qui fuit et qui l'emporte.
Enfin ce fut alors que, sans se corriger,
Tout pécheur... Mais où vais-je aujourd'hui m'engager?

Veux-je d'un pape illustre, armé contre tes crimes,
A tes yeux mettre ici toute la bulle en rimes ;
Exprimer tes détours burlesquement pieux
Pour disculper l'impur, le gourmand, l'envieux ;
Tes subtils faux-fuyans pour sauver la mollesse,
Le larcin, le duel, le luxe, la paresse ;
En un mot, faire voir à fond développés
Tous ces dogmes affreux d'anathème frappés ;
Que, sans peur débitant tes distinctions folles,
L'erreur encor pourtant maintient dans tes écoles ?
  Mais sur ce seul projet soudain puis-je ignorer
A quels nombreux combats il faut me préparer?
J'entends déjà d'ici tes docteurs frénétiques
Hautement me compter au rang des hérétiques,
M'appeler scélérat, traître, fourbe, imposteur,
Froid plaisant, faux bouffon, vrai calomniateur ;
De Pascal, de Wendrock, copiste misérable
Et, pour tout dire enfin, Janséniste exécrable.
J'aurai beau condamner, en tout sens expliqués,
Les cinq dogmes fameux par ta main fabriqués,
Blâmer de tes docteurs la morale risible :
C'est, selon eux, prêcher un calvinisme horrible ;
C'est nier qu'ici bas par l'amour appelé
Dieu pour tous les humains voulut être immolé.
  Prévenons tout ce bruit : trop tard, dans le naufrage,
Confus on se repent d'avoir bravé l'orage.
Halte-là donc, ma plume. Et toi, sors de ces lieux,
Monstre à qui, par un trait des plus capricieux,
Aujourd'hui terminant ma course satirique,
J'ai prêté dans mes vers une ame allégorique.
Fuis, va chercher ailleurs tes patrons bien aimés,
Dans ces pays par toi rendus si renommés,

Où l'Orne épand ses eaux, et que la Sarthe arrose,
Où, si plus surement tu veux gagner ta cause,
Porte-la dans Trévoux à ce beau tribunal
Où de nouveaux Midas un sénat monacal,
Tous les mois, appuyé de ta sœur l'Ignorance,
Pour juger Apollon tient, dit-on, sa séance.

ÉPITRES.

ÉPITRE PREMIÈRE.

AU ROI.

L'auteur dépeint dans cette épître les douceurs et les avantages de la paix. Cette pièce fut composée en 1669, pour seconder les intentions de M. Colbert, qui toujours attentif au progrès des arts et des sciences, voyait avec peine que le roi pensait à rompre la paix qui avait été heureusement conclue à Aix-la-Chapelle l'année précédente.

Grand roi, c'est vainement qu'abjurant la satire
Pour toi seul désormais j'avais fait vœu d'écrire.
Dès que je prends la plume, Apollon éperdu
Semble me dire : Arrête, insensé : que fais-tu?
Sais-tu dans quels périls aujourd'hui tu t'engages?
Cette mer où tu cours est célèbre en naufrages.
Ce n'est pas qu'aisément, comme un autre, à ton char
Je ne pusse attacher Alexandre et César;
Qu'aisément je ne pusse en quelque ode insipide,
T'exalter aux dépens et de Mars et d'Alcide;
Te livrer le Bosphore, et, d'un vers incivil,
Proposer au Sultan de te céder le Nil :
Mais, pour te bien louer, une raison sévère
Me dit qu'il faut sortir de la route vulgaire;
Qu'après avoir joué tant d'auteurs différens,
Phébus même aurait peur s'il entrait sur les rangs;

Que par des vers tout neufs, avoués du Parnasse;
Il faut de mes dégoûts justifier l'audace;
Et, si ma muse enfin n'est égale à mon roi,
Que je prête aux Cotins des armes contre moi.
Est-ce là cet auteur, l'effroi de la Pucelle,
Qui devait des bons vers nous tracer le modèle?
Ce censeur, diront-ils, qui nous réformait tous?
Quoi! ce critique affreux n'en sait pas plus que nous;
N'avons-nous pas cent fois, en faveur de la France,
Comme lui dans nos vers pris Memphis et Byzance!
Sur les bords de l'Euphrate abattu le turban,
Et coupé, pour rimer, les cèdres du Liban?
De quel front aujourd'hui vient-il sur nos brisées,
Se revêtir encor de nos phrases usées?
Que répondrais-je alors? Honteux et rebuté,
J'aurais beau me complaire en ma propre beauté,
Et, de mes tristes vers admirateur unique,
Plaindre, en les relisant, l'ignorance publique:
Quelque orgueil en secret dont s'aveugle un auteur,
Il est fâcheux, grand roi, de se voir sans lecteur,
Et d'aller du récit de ta gloire immortelle,
Habiller chez Francœur * le sucre et la canelle.
Ainsi, craignant toujours un funeste accident,
J'imite de Cornard ** le silence prudent:
Je laisse aux plus hardis l'honneur de la carrière,
Et regarde le champ, assis sur la barrière.
Malgré moi toutefois un mouvement secret
Vient flatter mon esprit qui se tait à regret.

---

* Fameux épicier.

** Fameux académicien qui n'a jamais rien écrit.

Quoi ! dis-je tout chagrin, dans ma verve infertile,
Des vertus de mon roi, spectateur inutile,
Faudra-t-il sur sa gloire attendre à m'exercer
Que ma tremblante voix commence à se glacer?
Dans un si beau projet, si ma muse rebelle
N'ose le suivre aux champs de Lille et de Bruxelle,
Sans le chercher aux bords de l'Escaut et du Rhin,
La paix l'offre à mes yeux plus calme et plus serein.
Oui, grand roi, laissons là les siéges, les batailles :
Qu'un autre aille en rimant renverser des murailles;
Et souvent sur tes pas, marchant sans ton aveu,
S'aille couvrir de sang, de poussière et de feu.
A quoi bon, d'une muse au carnage animée,
Echauffer ta valeur déjà trop allumée?
Jouissons à loisir du prix de tes bienfaits,
Et ne nous lassons point des douceurs de la paix.
Pourquoi ces éléphans, ces armes, ces bagages,
Et ces vaisseaux tout prêts à quitter le rivage?
Disait au roi Pyrrhus un sage confident *,
Conseiller très-sensé d'un roi très-imprudent.
Je vais, lui dit ce prince, à Rome où l'on m'appelle.
Quoi faire? L'assiéger. L'entreprise est fort belle,
Et digne seulement d'Alexandre ou de vous :
Mais, Rome prise enfin, seigneur, où courons-nous?
Du reste des Latins la conquête est facile.
Sans doute, on les peut vaincre : est-ce tout? La Sicile
De là nous tend les bras, et bientôt sans effort
Syracuse reçoit nos vaisseaux dans son port.
Bornez-vous là vos pas? Dès que nous l'aurons prise,
Il ne faut qu'un bon vent, et Carthage est conquise.

---

* Plutarque, dans la vie de Pyrrhus.

Les chemins sont ouverts : qui peut nous arrêter ?
Je vous entends, seigneur, nous allons tout domter :
Nous allons traverser les sables de Libye,
Asservir en passant l'Egypte, l'Arabie,
Courir de là le Gange en de nouveaux pays,
Faire trembler le Scythe aux bords du Tanaïs,
Et ranger sous nos lois tout ce vaste hémisphère,
Mais, de retour enfin, que prétendez-vous faire ?
Alors, cher Cinéas, victorieux, contens,
Nous pourrons rire à l'aise, et prendre du bon temps.
Hé! seigneur, dès ce jour, sans sortir de l'Epire,
Du matin jusqu'au soir, qui vous défend de rire ?
Le conseil était sage et facile à goûter :
Pyrrhus vivait heureux s'il eût pu l'écouter.
Mais à l'ambition d'opposer la prudence,
C'est aux prélats de cour prêcher la résidence.
Ce n'est pas que mon cœur du travail ennemi
Approuve un fainéant sur le trône endormi :
Mais, quelques vains lauriers que promette la guerre,
On peut être héros sans ravager la terre.
Il est plus d'une gloire. En vain aux conquérans
L'erreur, parmi les rois, donne les premiers rangs ;
Entre les grands héros ce sont les plus vulgaires.
Chaque siècle est fécond en heureux téméraires ;
Chaque climat produit des favoris de Mars :
La Seine a des Bourbons, le Tibre a des Césars :
On a vu mille fois des fanges méotides
Sortir des conquérans, goths, vandales, gépides.
Mais un roi vraiment roi, qui, sage en ses projets,
Sache en un calme heureux maintenir ses sujets,
Qui du bonheur public ait cimenté sa gloire,
Il faut pour le trouver courir toute l'histoire.

La terre compte peu de ces rois bienfaisans :
Le ciel à les former se prépare long-temps.
Tel fut cet empereur * sous qui Rome adorée
Vit renaître les jours de Saturne et de Rhée ;
Qui rendit de son joug l'univers amoureux ;
Qu'on n'alla jamais voir sans revenir heureux ;
Qui soupirait le soir, si sa main fortunée
N'avait par ses bienfaits signalé la journée.
Le cours ne fut pas long d'un empire si doux.

Mais où cherché-je ailleurs ce qu'on trouve chez nous?
Grand roi, sans recourir aux histoires antiques,
Ne t'avons-nous pas vu dans les plaines belgiques,
Quand l'ennemi vaincu désertant ses remparts,
Au-devant de son joug courait de toutes parts,
Toi-même te borner, au fort de ta victoire,
Et chercher dans la paix ** une plus juste gloire?
Ce sont là les exploits que tu dois avouer ;
Et c'est par là, grand roi, que je veux te louer.
Assez d'autres, sans moi, d'un style moins timide,
Suivront aux champs de Mars ton courage rapide ;
Iront de ta valeur effrayer l'univers,
Et camper devant Dole *** au milieu des hivers.
Pour moi, loin des combats, sur un ton moins terrible,
Je dirai les exploits de ton règne paisible ;
Je peindrai les plaisirs en foule renaissans ;
Les oppresseurs du peuple à leur tour gémissans.

---

* Titus.

** La paix de 1668.

*** Le roi venait de conquérir la Franche-Comté en plein hiver.

On verra par quels soins la sage prévoyance
Au fort de la famine entretint l'abondance * ;
On verra les abus par ta main réformés ;
La licence et l'orgueil en tous lieux réprimés ** ;
Du débris des traînans ton épargne grossie *** ;
Des subsides affreux la rigueur adoucie **** ,
Le soldat, dans la paix, sage et laborieux ***** ;
Nos artisans grossiers rendus industrieux ****** ;
Et nos voisins frustrés de ces tributs serviles
Que payait à leur art le luxe de nos villes.
Tantôt je tracerai tes pompeux bâtimens,
Du loisir d'un héros nobles amusemens.
J'entends déjà frémir les deux mers étonnées ******* ,
De voir leurs flots unis au pied des Pyrénées.
Déjà de tous côtés la chicane aux abois
S'enfuit au seul aspect de tes nouvelles lois ******** ,
Oh! que ta main par là va sauver de pupilles!
Que de savans plaideurs désormais inutiles!
Qui ne sent point l'effet de tes soins généreux?
L'univers sous ton règne a-t-il des malheureux?
Est-il quelque vertu, dans les glaces de l'ourse,
Ni dans ces lieux brûlés où le jour prend sa source,

---

* Ce fut en 1663.

** Plusieurs édits donnés pour réformer le luxe.

*** La chambre de Justice.

**** Les tailles furent diminuées de quatre millions.

***** Les soldats employés aux travaux publics.

****** Etablissement en France des manufactures.

******* Le canal de Languedoc.

******** L'ordonnance de 1667.

Dont la triste indigence ose encore approcher,
Et qu'en foule tes dons * d'abord n'aillent chercher?
C'est par toi qu'on va voir les muses enrichies
De leur longue disette à jamais affranchies.
Grand roi, poursuis toujours, assure leur repos.
Sans elles un héros n'est pas long-temps héros :
Bientôt, quoi qu'il ait fait, la mort, d'une ombre noire,
Enveloppe avec lui son nom et son histoire.
En vain, pour s'exempter de l'oubli du cercueil;
Achille mit vingt fois tout Ilion en deuil;
En vain, malgré les vents, aux bords de l'Hespérie
Enée enfin porta ses dieux et sa patrie :
Sans le secours des vers, leurs noms tant publiés
Seraient depuis mille ans avec eux oubliés.
Non, à quelques hauts faits que ton destin t'appelle,
Sans le secours soigneux d'une muse fidelle
Pour t'immortaliser tu fais de vains efforts.
Apollon te la doit : ouvre-lui tes trésors.
En poëtes fameux rends nos climats fertiles :
Un Auguste aisément peut faire des Virgiles.
Que d'illustres témoins de ta vaste bonté
Vont pour toi déposer à la postérité!

Pour moi qui, sur ton nom déjà brûlant d'écrire,
Sens au bout de ma plume expirer la satire,
Je n'ose de mes vers vanter ici le prix.
Toutefois si quelqu'un de mes faibles écrits
Des ans injurieux peut éviter l'outrage,
Peut-être pour ta gloire aura-t-il son usage.

---

* Le roi, en 1663, donna des pensions à beaucoup de gens de lettres dans toute l'Europe.

Et comme tes exploits, étonnant les lecteurs,
Seront à peine crus sur la foi des auteurs,
Si quelque esprit malin les veut traiter de fables,
On dira quelque jour pour les rendre croyables:
Boileau, qui, dans ses vers pleins de sécurité,
Jadis à tout son siècle a dit la vérité,
Qui mit à tout blâmer son étude et sa gloire,
A pourtant de ce roi parlé comme l'histoire.

ÉPITRE II.

A M. L'ABBÉ DES ROCHES.

La principale raison pour laquelle l'auteur composa cette épître fut pour conserver la fable de l'Huître et des Plaideurs, qu'il avait retranchée de l'épître précédente. Il y décrit en peu de mots la sottise de ceux qui ont la fureur de plaider,

A quoi bon réveiller mes muses endormies,
Pour tracer aux auteurs des règles ennemies?
Penses-tu qu'aucun d'eux veuille subir mes lois,
Ni suivre une raison qui parle par ma voix?
O le plaisant docteur, qui, sur les pas d'Horace,
Vient prêcher, diront-ils, la réforme au Parnasse,
Nos écrits sont mauvais, les siens valent-ils mieux?
J'entends déjà d'ici Linière furieux
Qui m'appelle au combat sans perdre un plus long terme.
De l'encre! du papier! dit-il; qu'on nous enferme!
Voyons qui de nous deux, plus aisé dans ses vers,
Aura plus tôt rempli la page et le revers!
Moi donc, qui suis peu fait à ce genre d'escrime,
Je le laisse tout seul verser rime sur rime,
Et, souvent de dépit contre moi s'exerçant,
Punir de mes défauts le papier innocent.
Mais toi, qui ne crains point qu'un rimeur te noircisse,
Que fais-tu cependant en ton seul bénéfice?
Attends-tu qu'un fermier, payant, quoiqu'un peu tard,
De ton bien pour le moins daigne te faire part?
Vas-tu, grand défenseur des biens de ton église,
De tes moines mutins réprimer l'entreprise?

Crois-moi, dût Auzanet * t'assurer du succès,
Abbé, n'entreprends point même un juste procès.
N'imite point ces fous dont la sotte avarice
Va de ses revenus engraisser la justice :
Qui, toujours assignant, et toujours assignés,
Souvent demeurent gueux de vingt procès gagnés.
Soutenons bien nos droits : sot est celui qui donne.
C'est ainsi devers Caen que tout Normand raisonne.
Ce sont là les leçons dont un père manseau
Instruit son fils novice au sortir du berceau.
Mais pour toi, qui, nourri bien en-deçà de l'Oise,
As sucé la vertu picarde et champenoise,
Non, non tu n'iras point, ardent bénéficier,
Faire enrouer pour toi Corbin ni Le Mazier **.
Toutefois si jamais quelqu'ardeur bilieuse
Allumait dans ton cœur l'humeur litigieuse,
Consulte-toi d'abord, et, pour la réprimer,
Retiens bien la leçon que je viens de rimer.
Un jour, dit un auteur, n'importe en quel chapitre,
Deux voyageurs à jeûn rencontrèrent une huître.
Tous deux la contestaient, lorsque dans leur chemin
La Justice passa, la balance à la main.
Devant elle à grand bruit ils expliquent la chose.
Tous deux avec dépens veulent gagner leur cause.
La Justice, pesant ce droit litigieux,
Demande l'huître, l'ouvre, et l'avale à leurs yeux ;
Et par ce bel arrêt terminant la bataille ;
Tenez, voilà, dit-elle, à chacun une écaille.
Des sottises d'autrui nous vivons au palais.
Messieurs, l'huître était bonne. Adieu. Vivez en paix.

---

* Fameux avocat au parlement de Paris.

** Deux autres avocats.

ÉPITRE III.

A M. ARNAUD, DOCTEUR DE SORBONNE.

Le sujet de cette épître est la mauvaise honte qui empêche le retour vers le bien, lorsqu'on s'en est une fois écarté. Elle fut composée en 1673.

Oui, sans peine, au travers des sophismes de Claude*,
Arnauld, des novateurs tu découvres la fraude,
Et romps de leurs erreurs les filets captieux.
Mais que sert que ta main leur dessile les yeux,
Si toujours dans leur ame une pudeur rebelle,
Près d'embrasser l'église, au prêche les rappelle?
Non, ne crois pas que Claude, habile à se tromper,
Soit insensible aux traits dont tu le sais frapper:
Mais un démon l'arrête, et, quand ta voix l'attire,
Lui dit : Si tu te rends; sais-tu ce qu'on va dire?
Dans son heureux retour lui montre un faux malheur,
Lui peint de Charenton** l'hérétique douleur;
Et, balançant Dieu même en son ame flottante,
Fait mourir dans son cœur la vérité naissante.
Des superbes mortels le plus affreux lien,
N'en doutons point, Arnauld, c'est la honte du bien.
Des plus nobles vertus cette adroite ennemie
Peint l'honneur à nos yeux des traits de l'infamie;

---

* Il était alors occupé à écrire contre le sieur Claude, ministre de Charenton.

** Lieux près de Paris, où ceux de la R. P. R. avaient un temple.

Asservit nos esprits sous un joug rigoureux,
Et nous rend l'un de l'autre esclaves malheureux.
Par elle la vertu devient lâche et timide.
Vois-tu ce libertin en public intrépide,
Qui prêche contre un Dieu que dans son ame il croit?
Il iroit embrasser la vérité qu'il voit :
Mais de ses faux amis il craint la raillerie,
Et ne brave ainsi Dieu que par poltronnerie.
  C'est là de tous nos maux le fatal fondement.
Des jugemens d'autrui nous tremblons follement;
Et chacun l'un de l'autre adorant les caprices,
Nous cherchons hors de nous nos vertus et nos vices.
Misérables jouets de notre vanité,
Faisons au moins l'aveu de notre infirmité.
A quoi bon, quand la fièvre en nos artères brûle,
Faire de notre mal un secret ridicule?
Le feu sort de vos yeux petillans et troublés,
Votre pouls inégal marche à pas redoublés;
Quelle fausse pudeur à feindre vous oblige?
Qu'avez-vous? Je n'ai rien. Mais... Je n'ai rien, vous dis-je,
Répondra ce malade à se taire obstiné.
Mais cependant voilà tout son corps gangrené;
Et la fièvre, demain se rendant la plus forte,
Un bénitier aux pieds va l'étendre à la porte.
Prévenons sagement un si juste malheur.
Le jour fatal est proche et vient comme un voleur.
Avant qu'à nos erreurs le ciel nous abandonne,
Profitons de l'instant que de grace il nous donne.
Hâtons-nous; le temps fuit*, et nous traîne avec soi:
Le moment où je parle est déjà loin de moi.

---

* Perse, satire V.

Mais quoi, toujours la honte en esclave nous lie !
Oui, c'est toi qui nous perds, ridicule folie ;
C'est toi qui fis tomber le premier malheureux,
Le jour que, d'un faux bien sottement amoureux,
Et n'osant soupçonner sa femme d'imposture,
Au démon, par pudeur, il vendit la nature.
Hélas! avant ce jour qui perdit ses neveux,
Tous les plaisirs couraient au-devant de ses vœux;
La faim aux animaux ne faisait point la guerre:
Le blé, pour se donner, sans peine ouvrant la terre,
N'attendait point qu'un bœuf pressé de l'aiguillon
Traçât à pas tardifs un pénible sillon :
La vigne offrait par-tout des grappes toujours pleines,
Et des ruisseaux de lait serpentaient dans les plaines.
Mais dès ce jour Adam, déchu de son état,
D'un tribut de douleurs paya son attentat.
Il fallut qu'au travail son corps rendu docile
Forçât la terre avare à devenir fertile.
Le chardon importun hérissa les guérets ;
Le serpent venimeux rampa dans les forêts ;
La canicule en feu désola les campagnes ;
L'aquilon en fureur gronda sur les montagnes.
Alors, pour se couvrir durant l'âpre saison,
Il fallut aux brebis dérober leur toison.
La peste en même temps, la guerre et la famine,
Des malheureux humains jurèrent la ruine.
Mais aucun de ces maux n'égala les rigueurs
Que la mauvaise honte exerça dans les cœurs.
De ce nid à l'instant sortirent tous les vices.
L'avare, des premiers en proie à ses caprices,
Dans un infâme gain mettant l'honnêteté,
Pour toute honte alors compta la pauvreté :

L'honneur et la vertu n'osèrent plus paraître;
La piété chercha les déserts et le cloître.
Depuis on n'a point vu de cœur si détaché
Qui par quelque lien ne tînt à ce péché.
Triste et funeste effet du premier de nos crimes!
Moi-même, Arnauld, ici, qui te prêche en ces rimes,
Plus qu'aucun des mortels par la honte abattu,
En vain j'arme contre elle une faible vertu.
Ainsi toujours douteux, chancelant et volage,
A peine du limon où le vice m'engage
J'arrache un pied timide et sors en m'agitant,
Que l'autre m'y reporte et s'embourbe à l'instant.
Car si, comme aujourd'hui, quelque rayon de zèle,
Allume dans mon cœur une clarté nouvelle,
Soudain aux yeux d'autrui s'il faut la confirmer,
D'un geste, d'un regard, je me sens alarmer;
Et, même sur ces vers que je te viens d'écrire,
Je tremble en ce moment de ce que l'on va dire.

EPITRE IV.

AU ROI.

Le sujet de cette épître est la campagne de 1672. Parmi les événemens qui la rendirent si glorieuse au roi, le poète choisit le passage du Rhin par l'armée de France, le 12 juin, comme le sujet le plus brillant, et par conséquent le plus susceptible des ornemens de la poésie. Cette pièce fut imprimée au mois d'août de cette même année.

En vain pour te louer ma muse toujours prête
Vingt fois de la Hollande a tenté la conquête :
Ce pays, où cent murs n'ont pu te résister,
Grand roi, n'est pas en vers si facile à domter
Des villes que tu prends les noms durs et barbares
N'offrent de toutes parts que syllabes bizarres,
Et, l'oreille effrayée, il faut depuis l'Issel,
Pour trouver un beau mot courir jusqu'au Tessel.
Oui, par-tout de son nom chaque place munie
Tient bon contre le vers, en détruit l'harmonie.
Et qui peut sans frémir aborder Woërden!
Quel vers ne tomberait au seul nom de Heusden?
Quelle muse à rimer en tous lieux disposée
Oserait approcher des bords du Zuiderzée?
Comment en vers heureux assiéger Doësbourg,
Zutphen, Wageninghen, Hardewick, Knotzembourg?
Il n'est fort, entre ceux que tu prends par centaines,
Qui ne puisse arrêter un rimeur six semaines :
Et par-tout sur le Whal, ainsi que sur le Leck,
Le vers est en déroute, et le poète à sec.

Encor si tes exploits, moins grands et moins rapides,
Laissaient prendre courage à nos muses timides,
Peut-être avec le temps, à force d'y rêver,
Par quelque coup de l'art nous pourrions nous sauver.
Mais, dès qu'on veut tenter cette vaste carrière,
Pégase s'effarouche et recule en arrière:
Mon Apollon s'étonne; et Nimègue est à toi,
Que ma muse est encore au camp devant Orsoi.
Aujourd'hui toutefois mon zèle m'encourage:
Il faut au moins du Rhin tenter l'heureux passage.
Un trop juste devoir veut que nous l'essayions.
Muses, pour le tracer cherchez tous vos crayons:
Car, puisqu'en cet exploit tout paraît incroyable,
Que la vérité pure y ressemble à la fable,
De tous vos ornemens vous pouvez l'égayer.
Venez donc, et sur-tout gardez-vous d'ennuyer;
Vous savez des grands vers les disgraces tragiques;
Et souvent on ennuie en termes magnifiques.
Au pied du mont Adule *, entre mille roseaux,
Le Rhin tranquille, et fier du progrès de ses eaux,
Appuyé d'une main sur son urne penchante,
Dormait au bruit flatteur de son onde naissante:
Lorsqu'un cri tout-à-coup suivi de mille cris
Vient d'un calme si doux retirer ses esprits.
Il se trouble, il regarde, et par-tout sur ses rives
Il voit fuir à grands pas ses naïades craintives,
Qui toutes accourant vers leur humide roi
Par un récit affreux renoublent son effroi.
Il apprend qu'un héros, conduit par la victoire,
A de ses bords fameux flétri l'antique gloire;

* Montagne d'où le Rhin prend sa source.

Que Rhinberg et Wesel, terrassés en deux jours,
D'un joug déjà prochain menacent tout son cours.
Nous l'avons vu, dit l'une, affronter la tempête
De cent foudres d'airain tournés contre sa tête.
Il marche vers Tholus, et tes flots en courroux
Au prix de sa fureur sont tranquilles et doux.
Il a de Jupiter la taille et le visage;
Et, depuis ce Romain * dont l'insolent passage
Sur un pont en deux jours trompa tous tes efforts,
Jamais rien de si grand n'a paru sur tes bords.
Le Rhin tremble et frémit à ces tristes nouvelles;
Le feu sort à travers ses humides prunelles.
C'est donc trop peu, dit-il, que l'Escaut en deux mois
Ait appris à couler sous de nouvelles lois;
Et de mille remparts mon onde environnée
De ces fleuves sans nom suivra la destinée!
Ah! périssent mes eaux! ou par d'illustres coups
Montrons qui doit céder des mortels ou de nous.
A ces mots, essuyant sa barbe limoneuse,
Il prend d'un vieux guerrier la figure poudreuse.
Son front cicatrisé rend son air furieux;
Et l'ardeur du combat étincelle en ses yeux.
En ce moment il part; et, couvert d'une nue,
Du fameux fort de Skink prend la route connue.
Là, contemplant son cours, il voit de toutes parts
Ses pâles défenseurs par la frayeur épars:
Il voit cent bataillons qui, loin de se défendre,
Attendent sur des murs l'ennemi pour se rendre.
Confus, il les aborde; et renforçant sa voix:
Grands arbitres, dit-il, des querelles des rois,

* Jules César.

Est-ce ainsi que votre ame, aux périls aguerrie,
Soutient sur ces remparts l'honneur et la patrie *?
Votre ennemi superbe, en cet instant fameux,
Du Rhin, près de Tholus, fend les flots écumeux:
Du moins en vous montrant sur la rive opposée
N'oseriez-vous saisir une victoire aisée?
Allez, vils combattans, inutiles soldats;
Laissez-là ces mousquets trop pesans pour vos bras;
Et, la faux à la main, parmi vos marécages,
Allez couper vos jones et presser vos laitages;
Ou, gardant les seuls bords qui vous peuvent couvrir,
Avec moi, de ce pas, venez vaincre ou mourir.
  Ce discours d'un guerrier que la colère enflâme
Ressucite l'honneur déjà mort en leur ame;
Et, leur cœur s'allumant d'un reste de chaleur,
La honte fait en eux l'effet de la valeur.
Ils marchent droit au fleuve, où Louis en personne,
Déjà prêt à passer, instruit, dispose, ordonne.
Par son ordre Grammont ** le premier dans les flots
S'avance soutenu des regards du héros;
Son coursier, écumant sous son maître intrépide,
Nage tout orgueilleux de la main qui le guide.
Revel le suit de près: sous ce chef redouté
Marche des cuirassiers l'escadron indompté.
Mais déjà devant eux une chaleur guerrière
Emporte loin du bord le bouillant Lesdiguière ***,

---

* Il y avait sur les drapeaux des Hollandais, PRO HONORE ET PATRIA.

** M. le comte de Guiche.

*** M. le comte de Saulx.

Vivonne, Nantouillet, et Coislin, et Salart;
Chacun d'eux au péril veut la première part:
Vendôme, que soutient l'orgueil de sa naissance,
Au même instant dans l'onde impatient s'élance:
La Salle, Beringhen, Nogent, d'Ambre, Cavois,
Fendent les flots tremblans sous un si noble poids.
Louis, les animant du feu de son courage,
Se plaint de sa grandeur qui l'attache au rivage.
Par ses soins cependant trente légers vaisseaux
D'un tranchant aviron déjà coupent les eaux:
Cent guerriers s'y jetant signalent leur audace.
Le Rhin les voit d'un œil qui porte la menace;
Il s'avance en courroux. Le plomb vole à l'instant,
Et pleut de toutes parts sur l'escadron flottant.
Du salpêtre en fureur l'air s'échauffe et s'allume,
Et des coups redoublés tout le rivage fume.
Déjà du plomb mortel plus d'un brave est atteint:
Sous les fougueux coursiers l'onde écume et se plaint.
De tant de coups affreux la tempête orageuse
Tient un temps sur les eaux la fortune douteuse.
Mais Louis d'un regard sait bientôt la fixer;
Le destin à ses yeux n'oserait balancer.
Bientôt avec Grammont court Mars et Bellone;
Le Rhin à leur aspect d'épouvante frissonne:
Quand, pour nouvelle alarme à ces esprits glacés,
Un bruit s'épand qu'Enghien et Condé sont passés;
Condé, dont le seul nom fait tomber les murailles,
Force les escadrons, et gagne les batailles;
Enghien, de son hymen le seul et digne fruit,
Par lui dès son enfance à la victoire instruit.
L'ennemi renversé fuit et gagne la plaine:
Le dieu lui-même cède au torrent qui l'entraîne,

Et seul, désespéré, pleurant ses vains efforts,
Abandonne à Louis la victoire et ses bords.
Du fleuve ainsi dompté la déroute éclatante
A Wurts * jusqu'en son camp va porter l'épouvante :
Wurts, l'espoir du pays, et l'appui de ses murs;
Wurts... Ah! quel nom, grand roi, quel Hector que ce Wurts!
Sans ce terrible nom, mal né pour les oreilles,
Que j'allais à tes yeux étaler de merveilles!
Bientôt on eût vu Skink dans mes vers emporté
De ses fameux remparts démentir la fierté :
Bientôt.... Mais Wurts s'oppose à l'ardeur qui m'anime,
Finissons, il est temps : aussi bien si la rime
Allait mal-à-propos m'engager dans Arnheim,
Je ne sais pour sortir de porte qu'Hildesheim.
Oh! que le ciel, soigneux de notre poésie,
Grand roi, ne nous fit-il plus voisins de l'Asie!
Bientôt victorieux de cent peuples altiers,
Tu nous aurais fourni des rimes à milliers.
Il n'est plaine en ces lieux si sèche et si stérile
Qui ne soit en beaux mots par-tout riche et fertile.
Là, plus d'un bourg fameux par son antique nom.
Vient offrir à l'oreille un agréable son.
Quel plaisir de te suivre aux rives du Scamandre;
D'y trouver d'Ilion la poétique cendre;
De juger si les Grecs, qui brisèrent ses tours,
Firent plus en dix ans que Louis en dix jours!
Mais pourquoi sans raison désespérer ma veine?
Est-il dans l'univers de plage si lointaine

* Commandant de l'armée ennemie.

Où ta valeur, grand roi, ne te puisse porter,
Et ne m'offre bientôt des exploits à chanter?
Non, non, ne faisons plus de plaintes inutiles :
Puisqu'ainsi dans deux mois tu prends quarante villes,
Assuré des bons vers dont ton bras me répond,
Je t'attends, dans deux ans, aux bords de l'Hellespont.

ÉPITRE V.

A M. DE GUILLERAGUE, SECRÉTAIRE DU CABINET.

L'auteur fait voir dans cette épître que la véritable félicité consiste dans la connaissance de soi-même, et qu'on se trompe quand on cherche son bonneur autre part que chez soi. Cette pièce fut composée en 1674, et publiée l'année suivante.

Esprit né pour la cour, et maître en l'art de plaire,
Guilleragues, qui sais et parler et te taire,
Apprends-moi si je dois ou me taire ou parler.
Faut-il dans la satire encor me signaler,
Et, dans ce champ fécond en plaisantes malices,
Faire encore aux auteurs redouter mes caprices?
Jadis, non sans tumulte, on m'y vit éclater,
Quand mon esprit plus jeune, et prompt à s'irriter,
Aspirait moins au nom de discret et de sage;
Que mes cheveux plus noirs ombrageaient mon visage:
Maintenant, que le temps a mûri vos désirs,
Que mon âge amoureux des plus sages plaisirs,
Bientôt s'en va frapper à son neuvième lustre *,
J'aime mieux mon repos qu'un embarras illustre.
Que d'une égale ardeur mille auteurs animés
Aiguisent contre moi leurs traits envenimés:
Que tout, jusqu'à Pinchêne**, et m'insulte et m'accable;
Aujourd'hui vieux lion je suis doux et traitable;

---

* A la quarante et unième année.

** Pinchêne était neveu de Voiture.

Je n'arme point contre eux mes ongles émoussés.
Ainsi que mes beaux jours mes chagrins sont passés;
Je ne sens plus l'aigreur de ma bile première,
Et laisse aux froids rimeurs une libre carrière.
Ainsi donc, philosophe à la raison soumis,
Mes défauts désormais sont mes seuls ennemis :
C'est l'erreur que je fuis; c'est la vertu que j'aime.
Je songe à me connaître; et me cherche en moi-même.
C'est là l'unique étude où je veux m'attacher.
Que, l'astrolabe en main, un autre aille chercher
Si le soleil est fixe ou tourne sur son axe,
Si Saturne à nos yeux peut faire un parallaxe;
Que Rohaut * vainement sèche pour concevoir
Comment, tout étant plein, tout a pu se mouvoir :
Ou que Bernier ** compose et le sec et l'humide
Des corps ronds et crochus errant parmi le vide :
Pour moi, sur cette mer qu'ici-bas nous courons,
Je songe à me pourvoir d'esquif et d'avirons,
A régler mes désirs, à prévenir l'orage,
Et sauver, s'il se peut, ma raison du naufrage.
C'est au repos d'esprit que nous aspirons tous;
Mais ce repos heureux se doit chercher en nous.
Un fou rempli d'erreurs, que le trouble accompagne,
Et malade à la ville ainsi qu'à la campagne,
En vain monte à cheval pour tromper son ennui :
Le chagrin monte en croupe, et galope après lui.
Que crois-tu qu'Alexandre, en ravageant la terre,
Cherche parmi l'horreur, le tumulte et la guerre?

---

* Fameux cartésien.

** Célèbre voyageur, qui a composé un abrégé de la philosophie de Gassendi.

Possédé d'un ennui qu'il ne saurait dompter,
Il craint d'être à soi-même et songe à s'éviter.
C'est là ce qui l'emporte aux lieux où naît l'aurore,
Où le Perse est brûlé de l'astre qu'il adore.
De nos propres malheurs auteurs infortunés,
Nous sommes loin de nous à toute heure entraînés.
A quoi bon ravir l'or au sein du nouveau monde?
Le bonheur tant cherché sur la terre et sur l'onde
Est ici comme aux lieux où mûrit le coco,
Et se trouve à Paris de même qu'à Cusco *:
On ne le tire point des veines du Potose **.
Qui vit content de rien possède toute chose.
Mais, sans cesse ignorans de nos propres besoins,
Nous demandons au ciel ce qu'il nous faut le moins.
Oh! que si cet hiver un rhume salutaire,
Guérissant de tous maux mon avare beau-père,
Pouvait, bien confessé, l'étendre en un cercueil
Et remplir sa maison d'un agréable deuil,
Que mon ame, en ce jour, de joie et d'opulence,
D'un superbe convoi plaindrait peu la dépense,
Disait le mois passé, doux, honnête et soumis,
L'héritier affamé de ce riche commis
Qui, pour lui préparer cette douce journée,
Tourmenta quarante ans sa vie infortunée!
La mort vient de saisir le vieillard catharreux:
Voilà son gendre riche; en est-il plus heureux?
Tout fier du faux éclat de sa vaine richesse,
Déjà nouveau seigneur, il vante sa noblesse:

---

* Ville du Pérou.

** Potosi, montagne où sont les mines d'argent les plus riches de l'Amérique.

Quoique fils de meunier, encore blanc du moulin,
Il est prêt à fournir ses titres en vélin.
En mille vains projets à toute heure il s'égare :
Le voilà fou, superbe, impertinent, bizarre,
Rêveur, sombre, inquiet, à soi-même ennuyeux.
Il vivrait plus content, si, comme ses aïeux,
Dans un habit conforme à sa vraie origine,
Sur le mulet encore il chargeait la farine.
Mais ce discours n'est pas pour le peuple ignorant,
Que le faste éblouit d'un bonheur apparent.
L'argent, l'argent, dit-on, sans lui tout est stérile;
La vertu sans l'argent n'est qu'un meuble inutile.
L'argent en honnête homme érige un scélérat;
L'argent seul au palais peut faire un magistrat.
Qu'importe qu'en tous lieux on me traite d'infâme?
Dit ce fourbe sans foi, sans honneur et sans ame;
Dans mon coffre tout plein de rares qualités,
J'ai cent mille vertus en louis bien comptés.
Est-il quelque talent que l'argent ne me donne?
C'est ainsi qu'en son cœur ce financier raisonne.
Mais pour moi, que l'éclat ne saurait décevoir,
Qui mets au rang des biens l'esprit et le savoir,
J'estime autant Patru *, même dans l'indigence,
Qu'un commis engraissé des malheurs de la France.
Non que je sois du goût de ce sage insensé
Qui, d'un argent commode esclave embarrassé,
Jeta tout à la mer ** pour crier : Je suis libre;
De la droite raison je sens mieux l'équilibre :

---

* Fameux avocat, et un des bons grammairiens de notre siècle.

** Aristippe fit cette action, et Diogène conseilla à Cratès, philosophe cynique, de faire la même chose.

Mais je tiens qu'ici-bas, sans faire tant d'apprêts,
La vertu se contente et vit à peu de frais.
Pourquoi donc s'égarer en des projets si vagues?
Ce que j'avance ici, crois-moi, cher Guilleragues,
Ton ami, dès l'enfance, ainsi l'a pratiqué.
Mon père, soixante ans au travail appliqué,
En mourant me laissa, pour rouler et pour vivre,
Un revenu léger et son exemple à suivre.
Mais bientôt amoureux d'un plus noble métier,
Fils, frère, oncle, cousin, beau-frère de greffier,
Pouvant charger mon bras d'une utile liasse,
J'allai loin du palais errer sur le Parnasse.
La famille en pâlit, et vit en frémissant
Dans la poudre du greffe un poète naissant:
On vit avec horreur une muse effrénée
Dormir chez un greffier la grasse matinée.
Dès-lors à la richesse il fallut renoncer.
Ne pouvant l'acquérir, j'appris à m'en passer:
Et, sur-tout redonnant la basse servitude,
La libre vérité fut toute mon étude.
Dans ce métier funeste à qui veut s'enrichir,
Qui l'eût cru que pour moi le sort dût se fléchir?
Mais du plus grand des rois la bonté sans limite,
Toujours prête à courir au-devant du mérite,
Crut voir dans ma franchise un mérite inconnu,
Et d'abord de ses dons enfla mon revenu.
La brigue ni l'envie à mon bonheur contraires,
Ni les cris douloureux de mes vains adversaires,
Ne purent dans leur course arrêter ses bienfaits.
C'en est trop: mon bonheur a passé mes souhaits.
Qu'à son gré désormais la fortune me joue,
On me verra dormir au branle de sa roue.

Si quelque soin encore agite mon repos,
C'est l'ardeur de louer un si fameux héros.
Ce soin ambitieux me tirant par l'oreille,
La nuit, lorsque je dors, en sursaut me réveille;
Me dit que ces bienfaits, dont j'ose me vanter,
Par des vers immortels ont dû se mériter.
C'est là le seul chagrin qui trouble encor mon ame.
Mais si, dans le beau feu du zèle qui m'enflamme,
Par un ouvrage enfin des critiques vainqueur,
Je puis sur ce sujet satisfaire mon cœur,
Guilleragues, plains-toi de mon humeur légère,
Si jamais, entraîné d'une ardeur étrangère,
Ou d'un vil intérêt reconnaissant la loi,
Je cherche mon bonheur autre part que chez moi.

ÉPITRE VI.

A M. DE LAMOIGNON, AVOCAT-GÉNÉRAL.

Cette épître a été composée en l'année 1667. L'auteur y décrit les douceurs dont il jouit à la campagne, et les chagrins qui l'attendent à la ville. Horace a fait une satire sur le même sujet ; elle est la sixième du livre II.

Oui, Lamoignon *, je fuis les chagrins de la ville,
Et contre eux la campagne est mon unique asile.
Du lieu qui m'y retient veux-tu voir le tableau ?
C'est un petit village **, ou plutôt un hameau,
Bâti sur le penchant d'un long rang de collines,
D'où l'œil s'égare au loin dans les plaines voisines.
La Seine, au pied des monts que son flot vient laver,
Voit du sein de ses eaux vingt îles s'élever,
Qui, partageant son cours de diverses manières,
D'une rivière seule y forment vingt rivières.
Tous ses bords sont couverts de saules non plantés,
Et de noyers souvent du passant insultés.
Le village au-dessus forme un amphithéâtre :
L'habitant ne connaît ni la chaux ni le plâtre ;

---

* Chrétien-François de Lamoignon, depuis président à mortier, fils de Guillaume de Lamoignon, premier président du parlement de Paris.

** Hautile, petite seigneurerie près de la Roche-Guyon, appartenant à mon neveu, l'illustre M. Dongois, greffier en chef du parlement.

Et dans le roc qui cède et se coupe aisément,
Chacun sait de sa main creuser son logement.
La maison du seigneur seule un peu plus ornée,
Se présente au-dehors de murs environnée.
Le soleil, en naissant la regarde d'abord,
Et le mont la défend des outrages du nord.
C'est là, cher Lamoignon, que mon esprit tranquille
Met à profit les jours que la Parque me file.
Ici dans un vallon bornant tous mes désirs,
J'achète à peu de frais de solides plaisirs:
Tantôt, un livre en main, errant dans les prairies,
J'occupe ma raison d'utiles rêveries;
Tantôt cherchant la fin d'un vers que je construi,
Je trouve au coin d'un bois le mot qui m'avait fui:
Quelquefois aux appas d'un hameçon perfide
J'amorce en badinant le poisson trop avide,
Ou d'un plomb qui suit l'œil et part avec l'éclair,
Je vais faire la guerre aux habitans de l'air.
Une table au retour, propre et non magnifique,
Nous présente un repas agréable et rustique:
Là, sans s'assujettir aux dogmes du Broussain,
Tout ce qu'on boit est bon, tout ce qu'on mange est sain;
La maison le fournit, la fermière l'ordonne,
Et mieux que Bergerat* l'appétit l'assaisonne.
O fortuné séjour! ô champs aimés des cieux!
Que, pour jamais foulant vos prés délicieux,
Ne puis-je ici fixer ma course vagabonde,
Et connu de vous seul oublier tout le monde!
Mais, à peine du sein de vos vallons chéris
Arraché malgré moi, je rentre dans Paris,

* Fameux traiteur.

Qu'en tous lieux les chagrins m'attendent au passage :
Un cousin, abusant d'un fâcheux parentage,
Veut qu'encor tout poudreux, et sans me débotter,
Chez vingt juges pour lui j'aille solliciter,
Il faut voir de ce pas les plus considérables ;
L'un demeure au Marais et l'autre aux Incurables.
Je reçois vingt avis qui me glacent d'effroi :
Hier, dit-on, de vous on parla chez le roi,
Et d'attentat horrible on traita la satire.
Et le roi, que dit-il ? Le Roi se prit à rire.
Contre vos derniers vers on est fort en courroux :
Pradon a mis au jour un livre contre vous ;
Et chez le chapelier du coin de notre place
Autour d'un caudebec * j'en ai lu la préface :
L'autre jour sur un mot la cour vous condamna ;
Le bruit court qu'avant-hier on vous assassina :
Un écrit scandaleux sous votre nom se donne ;
D'un Pasquin qu'on a fait, au Louvre on vous soupçonne.
Moi ? Vous : on nous l'a dit dans le Palais-Royal **.

Douze ans sont écoulés depuis le jour fatal
Qu'un libraire, imprimant les essais de ma plume,
Donna, pour mon malheur, un trop heureux volume.
Toujours, depuis ce temps, en proie aux sots discours,
Contre eux la vérité m'est un faible secours.
Vient-il de la province une satire fade,
D'un plaisant du pays insipide boutade,

---

* Sorte de chapeaux de laine qui se font à Caudebec en Normandie.

** Allusion aux nouvellistes, qui s'assemblent dans le jardin de ce palais.

Pour la faire courir on dit qu'elle est de moi,
Et le sot campagnard le croit de bonne foi.
J'ai beau prendre à témoin et la cour et la ville :
Non ; à d'autres, dit-il ; on connaît votre style,
Combien de temps ces vers vous ont-ils bien coûté?
Ils ne sont point de moi, monsieur, en vérité :
Peut-on m'attribuer ces sottises étranges?
Ah! monsieur, vos mépris vous servent de louanges.

Ainsi de cent chagrins dans Paris accablé,
Juge si, toujours triste, interrompu, troublé,
Lamoignon, j'ai le temps de courtiser les muses.
Le monde cependant se rit de mes excuses,
Croit que, pour m'inspirer sur chaque événement,
Apollon doit venir au premier mandement.
Un bruit court que le roi va tout réduire en poudre,
Et dans Valencienne est entré comme un foudre ;
Que Cambrai, des Français l'épouvantable écueil,
A vu tomber enfin ses murs et son orgueil ;
Que, devant Saint-Omer, Nassau, par sa défaite,
De Philippe vainqueur * rend la gloire complète.
Dieu sait comme les vers chez vous s'en vont couler!
Dit d'abord un ami qui veut me cajoler,
Et, dans ce temps guerrier et fécond en Achilles,
Croit que l'on fait les vers comme l'on prend les villes.
Mais moi, dont le génie est mort en ce moment,
Je ne sais que répondre à ce vain compliment ;
Et, justement confus de mon peu d'abondance,
Je me fais un chagrin du bonheur de la France.

---

* La bataille de Cassel, gagnée par Monsieur, Philippe de France, frère unique du roi, en 1677.

Qu'heureux est le mortel qui, du monde ignoré,
Vit content de soi-même en un coin retiré;
Que l'amour de ce rien qu'on nomme renommée
N'a jamais enivré d'une vaine fumée;
Qui de sa liberté forme tout son plaisir,
Et ne rend qu'à lui seul compte de son loisir!
Il n'a point à souffrir d'affronts ni d'injustices,
Et du peuple inconstant il brave les caprices.
Mais nous autres faiseurs de livres et d'écrits,
Sur les bords du Permesse aux louanges nourris,
Nous ne saurions briser nos fers et nos entraves,
Du lecteur dédaigneux honorables esclaves.
Du rang où notre esprit une fois s'est fait voir,
Sans un fâcheux éclat nous ne saurions déchoir.
Le public enrichi du tribut de nos veilles,
Croit qu'on doit ajouter merveilles sur merveilles.
Au comble parvenus il veut que nous croissions:
Il veut en vieillissant que nous rajeunissions.
Cependant tout décroît; et moi-même à qui l'âge
D'aucune ride encor n'a flétri le visage,
Déjà moins plein de feu, pour animer ma voix
J'ai besoin du silence et de l'ombre des bois:
Ma muse, qui se plaît dans leurs routes perdues,
Ne saurait plus marcher sur le pavé des rues.
Ce n'est que dans ces bois, propres à m'exciter,
Qu'Apollon quelquefois daigne encor m'écouter.

Ne demande donc plus par quelle humeur sauvage
Tout l'été, loin de toi, demeurant au village,
J'y passe obstinément les ardeurs du lion,
Et montre pour Paris si peu de passion.
C'est à toi, Lamoignon, que le rang, la naissance,
Le mérite éclatant, et la haute éloquence,

Appellent dans Paris aux sublimes emplois,
Qu'il sied bien d'y veiller pour le maintien des lois.
Tu dois là tous tes soins au bien de ta patrie :
Tu ne t'en peux bannir que l'orphelin ne crie ;
Que l'oppresseur ne montre un front audacieux :
Et Thémis, pour voir clair, a besoin de tes yeux.
Mais pour moi, de Paris citoyen inhabile,
Qui ne lui puis fournir qu'un rêveur inutile,
Il me faut du repos, des prés et des forêts.
Laisse-moi donc ici, sous leurs ombrages frais,
Attendre que septembre ait ramené l'automne,
Et que Cérès contente ait fait place à Pomone.
Quand Bacchus comblera de ses nouveaux bienfaits
Le vendangeur ravi de ployer sous le faix,
Aussitôt ton ami, redoutant moins la ville,
T'ira joindre à Paris pour s'enfuir à Bâville *.
Là, dans le seul loisir que Thémis t'a laissé,
Tu me verras souvent, à te suivre empressé,
Pour monter à cheval rappelant mon audace,
Apprenti cavalier galoper sur ta trace.
Tantôt sur l'herbe assis, au pied de ces côteaux
Où Polycrène ** épand ses libérales eaux,
Lamoignon, nous irons, libres d'inquiétude,
Discourir des vertus dont tu fais ton étude ;
Chercher quels sont les biens véritables ou faux ;
Si l'honnête homme en soi doit souffrir des défauts ;
Quel chemin le plus droit à la gloire nous guide,
Ou la vaste science, ou la vertu solide.

---

* Maison de campagne de M. de Lamoignon.

** Fontaine à une demi-lieue de Bâville, ainsi nommée par feu M. le président de Lamoignon.

C'est ainsi que chez toi tu sauras m'attacher.
Heureux si les fâcheux, prompts à nous y chercher,
N'y viennent point semer l'ennuyeuse tristesse !
Car, dans ce grand concours d'hommes de toute espèce
Que sans cesse à Bâville attire le devoir,
Au lieu de quatre amis qu'on attendait le soir,
Quelquefois de fâcheux arrivent trois volées,
Qui du parc à l'instant assiègent les allées.
Alors sauve qui peut ; et quatre fois heureux
Qui sait pour s'échapper quelque antre ignoré d'eux !

ÉPITRE VII.

A M. RACINE.

Le sujet de cette épître est l'utilité qu'on peut retirer de la jalousie de ses ennemis, et en particulier des bonnes et des mauvaises critiques. Elle fut composée à l'occasion de la tragédie de Phèdre et Hippolyte, que M. Racine fit représenter pour la première fois le premier janvier 1677.

Que tu sais bien, Racine, à l'aide d'un acteur,
Emouvoir, étonner, ravir un spectateur!
Jamais Iphigénie, en Aulide immolée,
N'a coûté tant de pleurs à la Grèce assemblée,
Que dans l'heureux spectacle à nos yeux étalé,
En ait fait sous son nom verser la Champmêlé *.
Ne crois pas toutefois, par tes savans ouvrages,
Entraînant tous les cœurs, gagner tous les suffrages.
Sitôt que d'Apollon un génie inspiré
Trouve loin du vulgaire un chemin ignoré,
En cent lieux contre lui les cabales s'amassent;
Ses rivaux obscurcis autour de lui croassent;
Et son trop de lumière importunant les yeux,
De ses propres amis lui fait des envieux.
La mort seule ici-bas, en terminant sa vie,
Peut calmer sur son nom l'injustice et l'envie,
Faire au poids du bon sens peser tous ses écrits,
Et donner à ses vers leur légitime prix.

* Célèbre comédienne.

Avant qu'un peu de terre, obtenu par prière,
Pour jamais sous la tombe eût enfermé Molière,
Mille de ses beaux traits, aujourd'hui si vantés,
Furent des sots esprits à nos yeux rebutés.
L'ignorance et l'erreur à ses naissantes pièces
En habits de marquis, en robes de comtesses,
Venaient pour diffamer son chef-d'œuvre nouveau,
Et secouaient la tête à l'endroit le plus beau.
Le commandeur voulait la scène plus exacte;
Le vicomte indigné sortait au second acte;
L'un, défenseur zélé des bigots mis en jeu,
Pour prix de ses bons mots le condamnait au feu;
L'autre, fougueux marquis, lui déclarant la guerre,
Voulait venger la cour immolée au parterre.
Mais sitôt que d'un trait de ses fatales mains
La Parque l'eut rayé du nombre des humains,
On reconnut le prix de sa muse éclipsée.
L'aimable Comédie, avec lui terrassée,
En vain d'un coup si rude espéra revenir,
Et sur ses brodequins ne put plus se tenir.
Tel fut chez nous le sort du théâtre comique.
Toi donc qui, t'élevant sur la scène tragique,
Suis les pas de Sophocle, et, seul de tant d'esprits,
De Corneille vieilli sais consoler Paris,
Cesse de t'étonner si l'envie animée,
Attachant à ton nom sa rouille envenimée,
La calomnie en main, quelquefois te poursuit.
En cela, comme en tout, le ciel qui nous conduit,
Racine, fait briller sa profonde sagesse.
Le mérite en repos s'endort dans la paresse;
Mais par les envieux un génie excité
Au comble de son art est mille fois monté:

Plus on veut l'affaiblir, plus il croît et s'élance;
Au Cid persécuté Cinna doit sa naissance,
Et peut-être ta plume aux censeurs de Pyrrhus
Doit les plus nobles traits dont tu peignis Burrhus.
Moi-même, dont la gloire ici moins répandue
Des pâles envieux ne blesse point la vûe,
Mais qu'une humeur trop libre, un esprit peu soumis,
De bonne heure a pourvu d'utiles ennemis,
Je dois plus à leur haine, il faut que je l'avoue,
Qu'au faible et vain talent dont la France me loue.
Leur venin, qui sur moi brûle de s'épancher,
Tous les jours en marchant m'empêche de broncher.
Je songe, à chaque trait que ma plume hasarde,
Que d'un œil dangereux leur troupe me regarde.
Je sais sur leurs avis corriger mes erreurs,
Et je mets à profit leurs malignes fureurs.
Sitôt que sur un vice ils pensent me confondre,
C'est en me guérissant que je sais leur répondre:
Et plus en criminel ils pensent m'ériger,
Plus, croissant en vertu, je songe à me venger.
Imite mon exemple; et lorsqu'une cabale,
Un flot de vains auteurs follement te ravale,
Profite de leur haine et de leur mauvais sens,
Ris du bruit passager de leurs cris impuissans.
Que peut contre tes vers une ignorance vaine?
Le Parnasse français, ennobli par ta veine,
Contre tous ces complots saura te maintenir
Et soulever pour toi l'équitable avenir.
Et qui, voyant un jour la douleur vertueuse
De Phèdre malgré soi perfide, incestueuse,
D'un si noble travail justement étonné,
Ne bénira d'abord le siècle fortuné

Qui, rendu plus fameux par tes illustres veilles,
Vit naître sous ta main ces pompeuses merveilles?
Cependant laisse ici gronder quelques censeurs
Qu'aigrissent de tes vers les charmantes douceurs.
Et qu'importe à nos vers que Perrin * les admire;
Que l'auteur du Jonas s'empresse pour les lire;
Qu'ils charment de Senlis le poète idiot **,
Ou le sec traducteur du français d'Amyot:
Pourvu qu'avec éclat leurs rimes débitées
Soient du peuple, des grands, des provinces, goûtées;
Pourvu qu'ils puissent plaire au plus puissant des rois;
Qu'à Chantilli Condé les souffre quelquefois;
Qu'Enghien en soit touché; que Colbert et Vivone,
Que la Rochefoucault, Marsillac et Pompone,
Et mille autres qu'ici je ne puis faire entrer,
A leurs traits délicats se laissent pénétrer?
Et plût au ciel encor, pour couronner l'ouvrage,
Que Montausier voulût leur donner son suffrage!
  C'est à de tels lecteurs que j'offre mes écrits.
Mais pour un tas grossier de frivoles esprits,
Admirateurs zélés de toute œuvre insipide,
Que non loin de la place où Brioché *** préside,
Sans chercher dans les vers ni cadence, ni son,
Il s'en aille admirer le savoir de Pradon!

---

* Il a traduit l'Enéïde, et a fait le premier opéra qui ait paru en France.

** Linière.

*** Fameux joueur de Marionnettes.

ÉPITRE VIII.

AU ROI.

L'auteur appelait ordinairement cette épître-ci son remercîment. En effet, il y marque plus particulièrement que dans le reste de ses ouvrages, la reconnaissance qu'il avait des bienfaits dont Sa Majesté l'avait gratifié. Elle fut composée en 1675; mais il ne la fit paraître que l'année suivante.

GRAND ROI, cesse de vaincre, ou je cesse d'écrire.
Tu sais bien que mon style est né pour la satire,
Mais mon esprit contraint de la désavouer,
Sous ton règne étonnant ne veut plus que louer.
Tantôt dans les ardeurs de ce zèle incommode,
Je songe à mesurer les syllabes d'une ode;
Tantôt, d'une Enéïde, auteur ambitieux,
Je m'en forme déjà le plan audacieux :
Ainsi, toujours flatté d'une douce manie,
Je sens de jour en jour dépérir mon génie;
Et mes vers, en ce style ennuyeux, sans appas,
Déshonorent ma plume et ne t'honorent pas.
Encor si ta valeur, à tout vaincre obstinée,
Nous laissait, pour le moins, respirer une année,
Peut-être mon esprit, prompt à ressusciter,
Du temps qu'il a perdu saurait se racquitter.
Sur ses nombreux défauts, merveilleux à décrire,
Le siècle m'offre encor plus d'un bon mot à dire.
Mais à peine Dinan et Limbourg sont forcés,
Qu'il faut chanter Bouchain et Condé terrassés,

Ton courage, affamé de péril et de gloire,
Court d'exploits en exploits, de victoire en victoire.
Souvent ce qu'un seul jour te voit exécuter
Nous laisse pour un an d'actions à conter.
Que si quelquefois, las de forcer des murailles,
Le soin de tes sujets te rappelle à Versailles,
Tu viens m'embarrasser de mille autres vertus;
Te voyant de plus près, je t'admire encor plus.
Dans les nobles douceurs d'un séjour plein de charmes,
Tu n'es pas moins héros qu'au milieu des alarmes:
De ton trône agrandi portant seul tout le faix,
Tu cultives les arts; tu répands les bienfaits;
Tu sais récompenser jusqu'aux muses critiques.
Ah! crois-moi, c'en est trop. Nous autres satiriques,
Propres à relever les sottises du temps,
Nous sommes un peu nés pour être mécontens:
Notre muse, souvent paresseuse et stérile,
A besoin, pour marcher, de colère et de bile.
Notre style languit dans un remercîment;
Mais, grand roi, nous savons nous plaindre élégamment.
Oh! que, si je vivais sous les règnes sinistres
De ces rois nés valets de leurs propres ministres,
Et qui, jamais en main ne prenant le timon,
Aux exploits de leur temps ne prêtaient que leur nom;
Que, sans les fatiguer d'une louange vaine,
Aisément les bons mots couleraient de ma veine!
Mais toujours sous ton règne il faut se récrier:
Toujours, les yeux au ciel, il faut le remercier.
Sans cesse à t'admirer ma critique forcée
N'a plus, en écrivant, de maligne pensée;
Et mes chagrins, sans fiel et presque évanouis,
Font grâce à tout le siècle en faveur de Louis.

En tous lieux cependant la Pharsale * approuvée,
Sans crainte de mes vers va la tête levée;
La licence par-tout règne dans les écrits :
Déjà le mauvais sens reprenant ses esprits,
Songe à nous redonner des poëmes épiques **,
S'empare des discours mêmes académiques :
Perrin a de ses vers obtenu le pardon;
Et la scène française est en proie à Pradon.
Et moi, sur ce sujet, loin d'exercer ma plume,
J'amasse de tes faits le pénible volume;
Et ma muse, occupée à cet unique emploi,
Ne regarde, n'entend, ne connaît plus que toi.
Tu le sais bien pourtant, cette ardeur empressée
N'est point en moi l'effet d'une ame intéressée.
Avant que tes bienfaits courussent me chercher,
Mon zèle impatient ne se pouvait cacher;
Je n'admirais que toi. Le plaisir de le dire
Vint m'apprendre à louer au sein de la satire;
Et depuis que tes dons sont venus m'accabler,
Loin de sentir mes vers avec eux redoubler,
Quelquefois, le dirai-je! un remords légitime
Au fort de mon ardeur vient refroidir ma rime.
Il me semble, grand Roi, dans mes nouveaux écrits,
Que mon encens payé n'est plus du même prix.
J'ai peur que l'univers, qui sait ma récompense,
N'impute mes transports à ma reconnaissance;
Et que, par tes présens, mon vers décrédité
N'ait moins de poids pour toi dans la postérité.
Toutefois je sais vaincre un remords qui te blesse.
Si tout ce qui reçoit des fruits de ta largesse

* La Pharsale de Brébeuf.

** Childebrand et Charlemagne, poëmes qui n'ont point réussi.

A peindre tes exploits ne doit point s'engager,
Qui d'un si juste soin se pourra donc charger?
Ah! plutôt de nos sons redoublons l'harmonie:
Le zèle à mon esprit tiendra lieu de génie.
Horace tant de fois dans mes vers imité,
De vapeurs en son temps, comme moi, tourmenté,
Pour amortir le feu de sa rate indocile,
Dans l'encre quelquefois sut égayer sa bile:
Mais de la même main qui peignit Tullius *,
Qui d'affronts immortels couvrit Tigellius **,
Il sut fléchir Glycère, il sut vanter Auguste,
Et marquer sur la lyre une cadence juste.
Suivons les pas fameux d'un si noble écrivain.
A ces mots, quelquefois, prenant la lyre en main,
Au récit que pour toi je suis près d'entreprendre,
Je crois voir les rochers accourir pour m'entendre:
Et déjà mon vers coule à flots précipités,
Quand j'entends le lecteur qui me crie: Arrêtez:
Horace eut cent talens; mais la nature avare
Ne vous a rien donné qu'un peu d'humeur bizarre:
Vous passez en audace et Perse et Juvénal;
Mais sur le ton flatteur Pinchêne est votre égal.
A ce discours, grand Roi, que pourrais-je répondre?
Je me sens, sur ce point, trop facile à confondre;
Et, sans trop relever des reproches si vrais,
Je m'arrête à l'instant, j'admire et je me tais.

---

* Sénateur romain. César l'exclut du sénat; mais il y rentra après sa mort.

** Fameux musicien fort chéri d'Auguste.

ÉPITRE IX.

A M. LE MARQUIS DE SEIGNELAY,

SECRÉTAIRE D'ÉTAT.

Cette épître contient l'éloge du vrai. L'auteur y fait voir que rien n'est beau que le vrai, et que le vrai est seul aimable. Le poète a fait briller ici tout son génie, et il a su réunir en cette pièce tout le sublime de la morale avec toute la douceur de la poésie. Elle a été commencée en l'année 1675.

DANGEREUX ennemi de tout mauvais flatteur,
Seignelay *, c'est en vain qu'un ridicule auteur,
Prêt à porter ton nom de l'Èbre ** jusqu'au Gange ***,
Crois te prendre aux filets d'une sotte louange.
Aussitôt ton esprit, prompt à se révolter,
S'échappe, et rompt le piége où l'on veut l'arrêter.
Il n'en est pas ainsi de ces esprits frivoles,
Que tout flatteur endort au son de ses paroles,
Qui, dans un vain sonnet placé au rang des dieux,
Se plaisent à fouler l'Olympe radieux;
Et, fiers du haut étage où La Serre les loge,
Avalent sans dégoût le plus grossier éloge.
Tu ne te repais point d'encens à si bas prix.
Non que tu sois pourtant de ces rudes esprits,

---

* Jean-Baptiste Colbert, ministre et secrétaire d'état, mort en 1690, fils de Jean-Baptiste Colbert, ministre et secrétaire d'état.

** Rivière d'Espagne.

*** Rivière des Indes.

Qui regimbent toujours, quelque main qui les flatte ;
Tu souffres la louange adroite et délicate
Dont la trop forte odeur n'ébranle point les sens.
Mais un auteur novice à répandre l'encens
Souvent à son héros, dans un bizarre ouvrage,
Donne de l'encensoir au travers du visage ;
Va louer Monteray * d'Oudenarde forcé,
Ou vante aux électeurs Turenne repoussé.
Tout éloge imposteur blesse une ame sincère.
Si, pour faire sa cour à ton illustre père,
Seignelay, quelque auteur, d'un faux zèle emporté,
Au lieu de peindre en lui la noble activité,
La solide vertu, la vaste intelligence,
Le zèle pour son roi, l'ardeur, la vigilance,
La constante équité, l'amour pour les beaux-arts,
Lui donnait les vertus d'Alexandre ou de Mars ;
Et, pouvant justement l'égaler à Mécène,
Le comparait au fils de Pelée ** ou d'Alcmène *** :
Ses yeux, d'un tel discours faiblement éblouis,
Bientôt dans ce tableau reconnaîtraient Louis :
Et, glaçant d'un regard la muse et le poète,
Imposeraient silence à sa verve indiscrète.
Un cœur noble est content de ce qu'il trouve en lui,
Et ne s'applaudit point des qualités d'autrui.
Que me sert, en effet, qu'un admirateur fade
Vante mon embonpoint, si je me sens malade ;
Si dans cet instant même un feu séditieux
Fait bouillonner mon sang et pétiller mes yeux?

---

* Gouverneur des Pays-Bas.

** Achille.

*** Hercule.

Rien n'est beau que le vrai : le vrai seul est aimable ;
Il doit régner par-tout, et même dans la fable ;
De toute fiction l'adroite fausseté
Ne tend qu'à faire aux yeux briller la vérité.
Sais-tu pourquoi mes vers sont lus dans les provinces,
Sont recherchés du peuple et reçus chez les princes ?
Ce n'est pas que leurs sons, agréables, nombreux,
Soient toujours à l'oreille également heureux ;
Qu'en plus d'un lieu le sens n'y gêne la mesure,
Et qu'un mot quelquefois n'y brave la césure :
Mais c'est qu'en eux le vrai, du mensonge vainqueur,
Par-tout se montre aux yeux et va saisir le cœur ;
Que le bien et le mal y sont prisés au juste ;
Que jamais un faquin n'y tint un rang auguste ;
Et que mon cœur, toujours conduisant mon esprit,
Ne dit rien aux lecteurs qu'à soi-même il n'ait dit.
Ma pensée au grand jour par-tout s'offre et s'expose ;
Et mon vers, bien ou mal, dit toujours quelque chose.
C'est par-là quelquefois que ma rime surprend :
C'est là ce que n'ont point Jonas ni Childebrand,
Ni tous ces vains amas de frivoles sornettes,
Montre, Miroir d'amours, Amitiés, Amourettes,
Dont le titre souvent est l'unique soutien,
Et qui, parlant beaucoup, ne disent jamais rien.
Mais peut-être enivré des vapeurs de ma muse,
Moi-même en ma faveur, Seignelay, je m'abuse.
Cessons de nous flatter. Il n'est d'esprit si droit
Qui ne soit imposteur et faux par quelque endroit :
Sans cesse on prend le masque, et, quittant la nature,
On craint de se montrer sous sa propre figure.
Par-là le plus sincère assez souvent déplaît,
Rarement un esprit ose être ce qu'il est.

Vois-tu cet importun que tout le monde évite ;
Cet homme à toujours fuir, qui jamais ne vous quitte ?
Il n'est pas sans esprit ; mais né triste et pesant,
Il veut être folâtre, évaporé, plaisant ;
Il s'est fait de sa joie une loi nécessaire,
Et ne déplaît enfin que pour vouloir trop plaire.
La simplicité plaît sans étude et sans art.
Tout charme en un enfant dont la langue sans fard,
A peine du filet encor débarrassée,
Sait d'un air innocent bégayer sa pensée.
Le faux est toujours fade, ennuyeux, languissant :
Mais la nature est vraie, et d'abord on la sent ;
C'est elle seule en tout qu'on admire et qu'on aime.
Un esprit né chagrin, plaît par son chagrin même.
Chacun pris dans son air est agréable en soi :
Ce n'est que l'air d'autrui qui peut déplaire en moi.
Ce marquis était né doux, commode, agréable ;
On vantait en tous lieux son ignorance aimable.
Mais depuis quelques mois devenu grand docteur,
Il a pris un faux air, une sotte hauteur :
Il ne veut plus parler que de rime et de prose ;
Des auteurs décriés il prend en main la cause ;
Il rit du mauvais goût de tant d'hommes divers,
Et va voir l'opéra seulement pour les vers.
Voulant se redresser, soi-même on s'estropie,
Et d'un original on fait une copie :
L'ignorance vaut mieux qu'un savoir affecté.
Rien n'est beau, je reviens, que par la vérité ;
C'est par elle qu'on plaît et qu'on peut long-temps plaire.
L'esprit lasse aisément, si le cœur n'est sincère.
En vain par sa grimace un bouffon odieux
A table nous fait rire et divertit nos yeux :

Ses bons mots ont besoin de farine et de plâtre.
Prenez-le tête à tête, ôtez-lui son théâtre,
Ce n'est plus qu'un cœur bas, un coquin ténébreux,
Son visage essuyé n'a plus rien que d'affreux.
J'aime un esprit aisé qui se montre, qui s'ouvre,
Et qui plaît d'autant plus, que plus il se découvre.
Mais la seule vertu peut souffrir la clarté :
Le vice, toujours sombre, aime l'obscurité;
Pour paraître au grand jour il faut qu'il se déguise:
C'est lui qui de nos mœurs a banni la franchise.
 Jadis l'homme vivait au travail occupé,
Et, ne trompant jamais, n'était jamais trompé:
On ne connaissait point la ruse et l'imposture;
Le Normand même alors ignorait le parjure;
Aucun rhéteur encore, arrangeant le discours,
N'avait d'un art menteur enseigné les détours.
Mais sitôt qu'aux humains, faciles à séduire,
L'abondance eut donné le loisir de se nuire,
La mollesse amena la fausse vanité.
Chacun chercha, pour plaire, un visage emprunté.
Pour éblouir les yeux, la fortune arrogante
Affecta d'étaler une pompe insolente;
L'or éclata par-tout sur les riches habits;
On polit l'émeraude, on tailla le rubis;
Et la laine et la soie, en cent façons nouvelles,
Apprirent à quitter leurs couleurs naturelles:
La trop courte beauté monta sur des patins:
La coquette tendit ses lacs tous les matins;
Et, mettant la céruse et le plâtre en usage,
Composa de sa main les fleurs de son visage:
L'ardeur de s'enrichir chassa la bonne foi:
Le courtisan n'eut plus de sentimens à soi.

Tout ne fut plus que fard, qu'erreur, que tromperie:
On vit par-tout régner la basse flatterie.
Le Parnasse sur-tout, fécond en imposteurs,
Diffama le papier par ses propos menteurs.
De là vint cet amas d'ouvrages mercenaires,
Stances, odes, sonnets, épîtres liminaires,
Où toujours le héros passe pour sans pareil,
Et, fût-il louche et borgne, est réputé soleil.
  Ne crois pas toutefois, sur ce discours bizarre,
Que, d'un frivole encens malignement avare,
J'en veuille sans raison frustrer tout l'univers.
La louange agréable est l'ame des beaux vers:
Mais je tiens, comme toi, qu'il faut qu'elle soit vraie,
Et que son tour adroit n'ait rien qui nous effraie.
Alors, comme j'ai dit, tu la sais écouter,
Et sans crainte à tes yeux on pourrait t'exalter.
Mais, sans t'aller chercher des vertus dans les nues,
Il faudrait peindre en toi des vérités connues;
Décrire ton esprit ami de la raison;
Ton ardeur pour ton roi, puisée en ta maison;
A servir ses desseins ta vigilance heureuse;
Ta probité sincère, utile, officieuse.
Tel, qui hait à se voir peindre en de faux portraits,
Sans chagrin voit tracer ses véritables traits.
Condé même *, Condé, ce héros formidable,
Et, non moins qu'aux Flamands, aux flatteurs redoutable,
Ne s'offenserait pas si quelque adroit pinceau
Traçait de ses exploits le fidèle tableau;
Et, dans Seuef ** en feu, contemplant sa peinture,
Ne désavoûrait pas Malherbe ni Voiture.

---

* Louis de Bourbon, prince de Condé, mort en 1636.
** Combat fameux de monseigneur le prince.

Mais malheur au poète insipide, odieux,
Qui viendrait le glacer d'un éloge ennuyeux !
Il aurait beau crier : « Premier prince du monde !
» Courage sans pareil ! lumière sans seconde * ! »
Ses vers, jetés d'abord sans tourner le feuillet,
Iraient dans l'antichambre amuser Pacolet **.

* Commencement du poëme de Charlemagne.

** Fameux valet-de-pied de monseigneur le prince.

FIN DU PREMIER VOLUME.

TABLE

DU PREMIER VOLUME.

Discours au Roi.......................... page 5.
Satire Ire.................................. 11
Satire II, à M. de Molière.................. 18
Satire III.................................. 22
Satire IV, à M. l'abbé le Vayer............. 31
Satire V, à M. le Marquis de Dangeau........ 36
Satire VI................................... 42
Satire VII.................................. 47
Satire VIII, à M. M***. Docteur de Sorbonne.. 51
Satire IX................................... 63
Satire X.................................... 75
Satire XI, à M. de Valincour................ 101
Avertissement sur la Satire XII............. 109
Satire XII, sur l'Équivoque................. 114
Epitre Ire, au Roi.......................... 126
Epitre II, à M. l'abbé des Roches........... 134
Epitre III, à M. Arnaud, Docteur de Sorbonne. 136
Epitre IV, au Roi........................... 140

Epitre V, à M. de Guillerague, Secrétaire du cabinet........................... 147
Epitre VI, à M. de Lamoignon, Avocat-général. 153
Epitre VII, à M. Racine....................... 160
Epitre VIII, au Roi............................ 164
Epitre IX, à M. le Marquis de Seignelay, Secrétaire d'État...................... 168

www.ingramcontent.com/pod-product-compliance
Ingram Content Group UK Ltd.
Pitfield, Milton Keynes, MK11 3LW, UK
UKHW031848260826
14628UKWH00002B/651

9 782019 194987